All Voices from the Island

島嶼湧現的聲音

回家

白色恐怖與我的左派阿公

是一趟沒有線性終點的旅程

范容瑛 著

給我的阿公2364

及每一位曾經只有一組數字編號的人們

也獻給我的母親，願彼此理解

目次

未竟之夢
左派阿公蔡再修

未完之路
孫女的十年書寫

推薦序——好好理解，而不是快快變成：讀《回家是一趟沒有線性終點的旅程》

許恩恩／《變成的人》作者

二〇一三年，我參與了苗栗的「苑裡反瘋車運動」，結果有十四名學生和六名鄉親被警方以強制罪現行犯身分逮補。當年訴訟通知書第一次寄到鳳山老家時，據我母親轉述，派出所警員上門按電鈴，以警告口吻說：「你知道你女兒在外面讀書都跑去做什麼嗎？」母親嚇壞了，來電對我一番責罵，時間還未到太陽花運動和韓粉效應，代間對於政治的裂痕已經開啟。母親怨嘆：「不該讓你讀那麼多書，讀高職就可以早一點拿錢回家。」其實這些話我聽多了，出身農村家庭的母親一向不覺得子女讀太高是好事。讓我震驚的，是她接下來這段話：「你知道你搞這些事情都會留下紀錄嗎？有沒有想過你弟弟以後出社會工作怎麼辦？自己亂搞就算了，還害到家人！」

范容瑛《回家是一趟沒有線性終點的旅程》寫阿公、寫媽媽、寫自己。起初，作者主要透過訪談身為政治犯的阿公蔡再修，旁徵博引歷史研究，見樹又見林，用阿公的眼睛重看臺灣歷史；接著，她發現這個故事繞不過身為政治犯二代，也就是蔡再修的女兒、范容瑛的母親的視角；最後，在公共參與和家庭衝突之中，作者返身過來，觀看自我的生命經驗與兩代的互動交織。

作者寫阿公的求學歷程：「其實，當時農村父母們因寄望下一代可以翻轉農家辛苦的命運……希望至少高職畢業後，可以找個市街的工作，也因為這求職的考量，反倒很少農家子弟選擇就讀普通高中。」又，寫了母親得知她參與校園行動的反應：「媽媽劈頭就問怎麼回事，接著用力斥責我被洗腦了都不知道，以為自己現在長大了很厲害了嗎？如果以後被點名做記號，在醫院還待得下去嗎？……學生、運動、壟斷、不正義等等詞彙，都一再挑起她的恐懼。」

在我看來，她寫的不只是政治犯及其二代、三代的故事，也是寫臺灣人在階級與政治經驗上所（可能）共通具有的真實切片。是農村家庭的階級經驗與教養方式，以及戒嚴所致的政治理解與過敏反應——「如果以後被點名做記號」——通過僅僅十餘年前的苗栗縣政府（仍）不合理的逮補起訴、高雄市員警（仍）不合理的上門質疑，乃至我的母親對我的反應，這些事情仍存在，且源自更久遠的過去。恐怖以幽微的話語巨大地傳承下來。

不過，更特別的是，在范容瑛身上，還有「紅」的包袱。作者說她大學時參加的詩社，比起文藝，更像是「異議性社團」。這個詞在過去，有時會俗稱為「學運社團」。在這類社團蓬勃發展的十餘年前，偶有人討論「臺灣左翼有沒有傳統可循」等問題，而答案除了（種種原因之下）空白，也曾有一詞「省工委」出現。但，彼時大家對地下黨的歷史認識都很淺薄，又，即使讀過《謝雪紅評傳》等書而稍能感受當時人們對「共產黨」的想像，這一切，感覺還是離我們相當遙遠。課本裡的思想家填充了我們對於左翼的認識。

如果當時有一個異議性社團的成員跟我說，她的阿公是社會主義的實踐者，那我應該會很興奮吧？畢竟我們在學習行動方法與組織工作時，所援引的思想根源，竟然在臺灣確實有根，繁衍了枝幹，活生生在眼前——這是當時我們感到匱乏的事實。就像這本書中有一句話：「輪迴到我身上，然後漸漸長出阿公的眼睛。」

然而十餘年，二〇一二年的秋鬥口號喊出「人民向左轉」時，尚能號召不同領域的組織加入；如今種種內外部以及相互作用的原因之下，標榜左翼的社群不僅更加遠離大眾視角，且未能擴大在相對同溫層內、也就是社運組織社群內的支持。大學異議性社團，如今也屈指可數。范容瑛所面對的，是「直接將左派扣連到共產黨，再直接滑坡到現在的中國共產黨，於是理所當然將左派視為萬惡不赦的敵人」、「單薄地將左派與社會運動相扣連」、「只要是想法比一般人激進的都叫左派」的敵意環境。

讀過此書，不禁反思，如果大學時我真的遇到這樣一個人，在對歷史無知的狀態下直接表現出「興奮」之情，也是粗暴甚至冒犯的吧；因此才更凸顯這本書的重要性。范容瑛的書寫，不但使我們得以較為立體地觀察到「左翼」、「中共」等詞彙，在對內臺灣認同升高、對外中國威脅亦升高的此刻，於制度面與非制度面，是如何導致政治犯及其後代，在轉型正義的框架邊緣，時進時出；更重要的是，范容瑛以三代人的生命故事，質問：「即使是左派好了，然後呢？身為左派，怎麼了嗎？」這個質問可以是為了阿公，也可以是為所有不特定的人。

讀到最後，有孫女回憶自小和阿公相處的真摯互動，有女兒捕捉與母親之間在衝突時刻過去後的親密接觸——這樣的書寫，確實回扣了她的初衷：「我想做的，從來就不是如此單一面向的反抗，而是再更進一步，去理解，去創造，去連結。」對於左派阿公與那一代抱持相同理念的人，她說：「不是他們不明白，是外面世界變得太快——憑什麼，我們這群千禧年前後才出生的世代，在沒有好好理解他們從何而來、走著什麼樣披荊斬棘的路而來時，卻要求現在的他們，快快改變成我們的模樣？」

「我跟阿公的關懷並沒有相差太多——那是種從土地長出來的階級意識。」

對於信奉社會主義的人來說，按照生產力與生產關係的基本矛盾所發展，社會將可能從資本主義邁向終點的下一個階段。因此，或許本書書名裡「沒有線性終點」也已經留下一個屬於作者的立場，且是創生於自身的主體經驗。蔡再修的青年時期在獄中，被剝奪了大半的時光；他出獄六十多年後，范容瑛在相仿的年齡，寫出了這本書。

推薦序——尋找青年蔡再修：回家的路如何抵達

李淑君／高雄醫學大學性別研究所教授兼任所長

欣見容瑛書寫阿公蔡再修的家族故事出版。這不僅是個人傳記、家族故事，更融入跨世代的省思與對話。容瑛身為白色恐怖受難者後代追尋家族、阿公、自身的故事，透過重返家庭、探索島嶼記憶、完成跨世代家族故事，釐清和探究自己與家族在島嶼上的記憶、生命與擾動。家族的許多生命細節承載著時代，家族也因臺灣的政治脈動而變遷流轉。我有幸因容瑛在寫作過程中與我討論幾次，因此先前看過蔡再修前輩的資料，也藉此拜訪前輩。高齡的前輩言談之間依然保有左翼人士對於社會正義的素樸理念，以及延伸而來待人處事的關切與溫度。讀書稿的時候，我意識到此書的寫作過程，勢必會面臨跨世代家族成員的歧異、斷裂、對話與理解，他們彼此差異卻又共享的歷史經驗，不僅影響了彼此的關係，也綿密交織、鑲嵌在臺灣的歷史與政治之中。

一九三二年出生於嘉義太保的蔡再修，生長於佃農家庭，從日常生活體悟到佃農的辛勞、困苦與不公，因生存狀態埋下對於社會批判的種子。此外，青年蔡再修從日治時期到戰後初期，大量閱讀《歷史唯物論》、《資本論入門》、《剩餘價值論》等左派書籍汲取養分，書中也記錄他的閱讀身影：

年輕時看書很快，平均一天或一個晚上就可以讀完一本書，印象中有在講生產力與生產關係的《社會發展史》、探討唯物辯證法的《歷史唯物論》、描述剝削行為的《剩餘價值論》、《資本論入門》等有關馬克思主義的叢書。因為距離光復後開始學習中文已經四、五個年頭了，對再修來說，閱讀中文書並非難事，但馬克思主義的原典太艱深難懂，當時讀的大部分是注釋本或導論性質的書籍，尤以毛澤東或中國哲學家艾思奇等人撰寫的書籍為主。也因閱讀日文沒有障礙，當時讀的有些書籍是日本宣揚馬克思主義的先驅、日本共產黨黨員與經濟學家河上肇所著的理論書籍。

青年蔡再修閱讀著同樣影響很多人的河上肇所著書籍，可以觀察到，戰後同一或相近世代的理想青年都有著共同的閱讀史。如臺灣文學重要作家葉石濤在《一個臺灣老朽作家的五〇年代》提及自己的思想啟蒙：「我讀到一本真正啟蒙了我的心眼……這本書是河上肇的《第二貧乏物語》，我得到有關唯物辯證法的基本知識。從這本書的啟示我又溯往讀了費爾巴哈和黑格爾……專找馬克斯、考次基……的書來讀。」[1] 河上肇的《貧乏物語》批判勞動者如何在資本家的管制下勞動，但勞動過程產生出來的商品，不歸屬於勞動者，而屬於資本家。

農村出身的蔡再修，顯然因戰後初期文化的蓬勃發展，有了思索階級與社會議題的可能。戰後初期有《臺灣文化》、《新新》、《政經報》、《臺灣評論》、《新臺灣》、《新知識》、《前鋒》、《文化交流》等雜誌發行，[2] 其中刊登不少具社會主義理想的文章。當時的左翼思潮成為臺灣知識分子與青年學生理想寄託之所在，如蔡焜霖便提到同學之間廣泛閱讀魯迅、巴金、茅盾等左派作家的作品。[3] 陳明忠也提到戰後許多中國大陸的書籍與雜誌跟著流通進來，自由主義的《觀察》和共產黨的《展望》雜誌亦是思想資源。[4] 青年蔡再修身處左翼思想蓬勃的光輝歲月，他的閱讀與行動，核心價值就是希望社會平等，不再有「艱苦人」。信奉社會主義的蔡再修，十九歲任職嘉義太保水上鄉公所民政股土地鑑證，於同年被捕，於一九五一年被判處有期徒刑十年。出獄後一路走來，依然堅信社會應該正義，沒有剝削。

然而這本書不僅是關於蔡再修的故事。容瑛於解嚴後成長，在白色恐怖議題不再是禁忌的時代，追尋並理解阿公步伐的過程也展開與第二代母親的往復對話。在白色恐怖的家屬經驗中，第二代的經驗有許多複雜的議題，不同的家庭有不同的狀態，可能包含受難者家屬面臨經濟困頓、代間的創傷繼承與遺緒、受難者與二代間的親子疏離、受難家庭二代政治孤雛的處境、受難者與家屬面臨政治監控、政治壓力下親友疏離而社會孤立等議題。第二代的生命難題需要更多脈絡的理解。

在我看來，第一代、第二代與第三代之間，不同世代的對話與理解是此書的重要內涵。此種對話，不僅是屬於一個家庭的內部對話，更是他們每個人經歷與承載的時代交錯。容瑛的書寫從追尋家族到指向自我，過程反身自己的生命經驗、深化歷史脈絡與凝視島嶼的政治難題，她以自己的歷史挖掘行動，追尋曾經在迷霧的青年蔡再修，也試圖正視與縫合母女之間的差異，她以自己的個人史、家族史，連結了島嶼的記憶。

1 葉石濤，《一個臺灣老朽作家的五〇年代》（臺北：前衛，二〇〇五），頁三九。
2 歐素瑛，〈郭廷以的臺灣史理論和實踐——以《臺灣史概說》一書為例〉，《臺北文獻》第一三四期（二〇〇〇年十二月），頁六八。
3 蔡焜霖口述，蔡秀菊記錄撰文，《我們只能歌唱：蔡焜霖的生命故事》（臺北：玉山社，二〇一九），頁六五。
4 陳明忠、李娜整理編輯，呂正惠校訂，《無悔——陳明忠回憶錄》（臺北：人間，二〇一四），頁七〇。

推薦序——一字一句鋪出一條回家的路

王榆鈞／音樂創作人

二〇二三與容瑛的相遇

二〇二三年有幸因為策展人蔡明君邀請，參與綠島人權藝術季「傾聽裂隙的迴聲」，在綠島駐地創作，也因此透過林傳凱老師認識容瑛。第一次見面是我特地到嘉義聽容瑛的講座分享，也開啟了我們日後的交流。接下來我將以二〇二五年，與我於二〇二三年《行方不明》作品中所寫下的容瑛與蔡再修，呈現橫跨兩年的對話關係。

仍縈繞耳畔的安息歌

銘刻在身體裡的編號 2364

——二〇二三年四月四日——

這兩天搭高鐵到嘉義，帶著期待與忐忑的心跟著容瑛見到蔡再修前輩。可以感覺到他的生活如同牆上的標語「忍得清貧，耐得寂寞」，很簡單樸素的生活，卻有許多書，中文的、日文的，可以知道蔡再修前輩仍非常喜歡閱讀。只是現在都要拿放大鏡看了。容瑛說阿公被關十年的日子裡，真正待在綠島（火燒島）是一九五一年九月到一九五三年左右，大概一年半的時間。而其中印象最深刻的應該是游泳！由於阿公耳朵不好有點重聽，訪談過程中容瑛都貼心提高分貝，放慢速度讓阿公能理解我們的問題。

蔡再修在綠島時期很多時候都在療養室度過，因為身體不好又精神壓力過大。或許也因此，只要難得有機會離開新生訓導處，在不遠處就可以游泳。中午的時候，太熱就去游泳。他是第二批到綠島的政治犯。

訪談過程多次提到新生訓導處與十三中隊，反而很少提到燕子洞，沒有太多印象！之後，我播放了三月二十五日在八卦樓[1]押房帶大家一起唱的〈安息歌〉，[2]蔡再修前輩馬上就跟著唱了起來。那一刻，覺得特別魔幻寫實，好像是五〇年代的蔡再修與二〇二三年許多第一次學著唱這首歌的晚輩們、孩子們有了交會。

——二〇二五年一月十九日——

〈安息歌〉

安息吧，死難的同志／別再為祖國擔憂／你流的血照亮著路／我們繼續向前走／你是民族的光榮／你為愛國而犧牲／冬天有淒涼的風／卻是春天的搖籃

入獄後，每個人都會有一個編號，只以編號相稱，蔡再修的編號是2364！這組號碼在蔡再修出獄後仍銘刻在身體裡，一輩子都不會忘記的號碼。第一次訪問容瑛的過程中，容瑛提到在整理阿公的檔案跟錄音等資料紀錄，那一陣子〈安息歌〉成了她心中最喜歡的歌曲，那緩緩流瀉的旋律，伴隨著秋祭在臺北馬場町淒楚的冷

風，卻也撫慰著家屬們的心靈。後來我也學會了這首歌曲，當歌聲詠現，它就像隱形的線，將所有人緊緊牽在一起，緬懷紀念白色恐怖的前輩們，同時也象徵精神永存！

燒肉粽的第一印象

——二〇二三年三月三日——

在高雄訪問容瑛時，聽她說阿公最喜歡唱〈燒肉粽〉，只是記下了，但不那麼清楚原因。

——二〇二三年四月四日——

相隔一個月，在嘉義太保蔡再修前輩家訪談，聽到他年邁滄桑、帶著沙啞的歌聲，突然懂了為什麼他那麼愛這一首歌。「忍得清貧，耐得寂寞」，發現他牆上貼著這四個字。

——二〇二五年一月六日——

第一次與容瑛相約的訪談裡，問起蔡再修前輩有沒有平日愛唱的歌曲，她不假思索就提到〈燒肉粽〉這一首歌曲，容瑛提到阿公常常唱起這一首歌，說這就像是在講他的人生！

自悲自嘆歹命人／父母本來真痛疼／乎我讀書幾落冬／出業頭路無半項／暫時來賣燒肉粽／燒肉粽／賣燒肉粽／賣燒肉粽

令人敬佩的再修前輩「忍得清貧，耐得寂寞」！這絕對不是一句口號，而是他在六坪大的空間裡度過晚年的日常。

「家」近了遠了，遠了近了的距離

——二〇二三年四月二十九日——

與容瑛、蔡再修前輩短暫相遇，特別令我感動的是容瑛與阿公這樣難得的生命交流。深入理解阿公待人處事的人文關懷，在潛移默化之中，容瑛也分享了希望自己能像阿公一樣，能夠去關注社會中許多不公不義的事情。

比起創作，面對、處理家人的事務更是加倍的難！容瑛因此也在阿公與母親之間有所拉扯。難能可貴的是容瑛選擇勇敢去面對，一次次試著破冰（與母親），並以過人的耐心和毅力，勤奮不懈整理龐大的資料錄音，這樣的精神令人佩服，尤其感覺到背後的心意。

——二〇二五年一月十二日——

「一直到年老，他也沒有忘記那一張張被煤炭沾染得烏黑、彷彿只剩兩隻眼睛的臉孔。」容瑛在書裡描述再修回憶在基隆煤炭公司工作時，內心掛記的不是自己微薄的薪水，而是這些辛苦的礦工們。容瑛在訪談中與我分享，在整理阿公的口述時發現，透過這些許許多多回憶的整理，在這些微小的細節裡看見了阿公世界的全貌：他對於「人」本質上的關懷！其實跳開社會主義的標籤，容瑛與蔡再修前輩是很相似的。

開啟時間之門

——二〇二三年三月二十一日——

關於再修出獄後顛沛流離的日子。

在臺北訪問容瑛，她提及翻到阿公的勞工保險卡，發現工作欄上面打著××餐廳洗碗工，容瑛感到心情複雜，也不捨。當年，家裡跟地主借了很多錢，努力讓再修去讀書，再修到了五十多歲，卻在臺北很冷的冬日當清潔工。容瑛說總會想到羅大佑的〈鹿港小鎮〉：臺北不是我的家，我的家鄉沒有霓虹燈……而這一切也都與政治犯的背景有關。

另外，李壽全〈未來的未來〉也會讓容瑛想到阿公的經歷，沒有選擇性地一直被迫換工作，去臺北打拚，也是流離地更換工作，六十三歲之後才離開屏東的工作，回嘉義繼續勞動……數不清的換工作，也代表他無法存錢，也曾賣過豆腐……因為國家威權的壓迫，造成流離失所的過程。

——二〇二五年一月十七日——

〈未來的未來〉　李壽全

有人說，不要問我從哪裡來／有人唱，臺北不是我的家／告訴我，世界不會變得太快／告訴我，明天不會變得更壞／告訴我，告訴我／這未來的未來，我等待／告訴我，告訴我

不斷在腦海播放的〈鹿港小鎮〉、〈未來的未來〉，嵌進身體裡的流離跟著蔡再修前輩換過一個又一個的工作。容瑛說她把自己的感受和想法放入，透過這些九〇

年代的歌曲，想像開啟一個時間之門，書寫過往的蔡再修，同時也讓阿公有機會透過這些歌曲理解孫女的視角。

這個虛空的時間之門，有過去的現在，和現在的現在，以及未來的現在，透過回憶及當下的感知與期盼迎向的家，旋律裡有酸楚有無奈，也有堅韌不被擊垮的意志。

「我一生信奉社會主義，這是我的信仰」——蔡再修

高齡九十餘歲的蔡再修，依然將這句話奉為圭臬，以此明志！而我深信，他骨子裡仍是往日抱著蔡志愿借給他的社會主義思想書籍，那位好學不倦的少年，充滿社會人文關懷的農家子弟。

以這樣的信念，用自己全部的生命實踐，讓我們看見經歷白色恐怖十年小牢，往後大半生命囚禁在社會大牢，蔡再修前輩展現的風骨。

——二〇二三年四月十六日——

容瑛是蔡再修前輩的孫女。她陸續在十年之中，從高中開始記錄阿公經歷白色恐怖的歲月，與出獄後顛沛流離的日子，並書寫集結成完整的生命故事。容瑛以極為早慧並且善解人意，對阿公細膩的觀察，記下許多動人片刻。她也是極少見關注白色恐怖並為阿公留下許多珍貴生命紀錄的三代。

——二〇二五年一月二十六日——

雖然在書裡容瑛是用「再修」這樣的第三人稱書寫，但我無論閱讀幾次，總是會有第二人稱視角的錯覺！好像這是孫女容瑛送給阿公一封最特別的長信，也是寫給母親的難以正面表述的愛。無論阿公記憶裡的嘉義小鎮，放牛時跳上牛背讀書的光景，惦念著礦工的神情等等，還是替代父職在成長過程與容瑛相伴的時光，都開啟容瑛對於社會人文關懷的意識。在一個又一個細節的描寫裡，我們不只是閱讀作為一位政治犯第三代孫女，如何細膩詳盡地記錄下阿公的個人口述歷史；更讓我們透過容瑛筆下的文字，一字一句堆砌出一條通往「家」的道路，無論是象徵精神上的、抑或是實際身體上的。

謝謝勇敢慷慨的容瑛，我深信這本書的出版，一定會鼓舞許多人開啟與家人的對話，無論是白色恐怖的受難家屬，或者任何不知如何面對「家」的人，容瑛以她堅毅無比的勇氣與耐心，用漫長的十年歲月，在她青春美麗的花樣年華裡，在脫下白袍的時間，用全部的心力將斷裂的部分，一字一句溫柔地修復，以文學的光照亮原本幽暗的角落。

---

1 八卦樓是現今國家人權博物館綠島園區裡的一棟樓，當年為關政治犯的押房。二〇二三年三月二十五日，我帶領綠島國中的同學們與當天參與工作坊的人，於八卦樓二樓的九號押房一同齊唱〈安息歌〉，也在空間中錄下當天的歌聲。

2 〈安息歌〉、〈幌馬車之歌〉、〈我們為什麼不歌唱〉，這三首曲子為五〇年代的前輩們聚會時常常一起唱的歌曲。尤其〈安息歌〉，在軍法處常常以此曲替即將赴刑場的同志們送別。

作者序

二〇一四年第一次執筆寫下阿公的故事，中間斷斷續續寫了幾次。其實一路到二〇一九年左右，才開始認真有出版的念頭。想像著寫自序的這一刻好久了，卻在此時此刻突然詞窮。

第一部分〈未竟之夢〉寫的是阿公鑲嵌於時代裡的生命刻痕，同時也獻給已經過世的綠島老同學們，希望每一位還在世的這些前輩，看到這份書寫，可以知道這世界有人很努力、很努力地想要瞭解你們。

在這書寫的過程，彷彿有道任意門，我穿過時間的長廊，不斷在阿公的少年裡，照見自己現在的某些模樣，而看見這些模樣的同時，也彷彿安定了某部分的內心。

二十幾歲末班車的我打開任意門，對著每一個迷惘時刻的少年阿公，隔著時空，在心底對他說不要害怕，未來你還是一步步撐過來了；而那些一個個的少年阿公，也彷彿在用他的方式，拍拍我的頭，告訴我不要害怕，這世界並沒有想像中的那麼壞，你終究可以像阿公一樣，活成某些時刻還堅持自己信念的人。我的出生，正好是阿公六十五歲那年的農曆生日。二十八年前，他說我是他珍貴的生日禮物；二十八年後，這一封猶如寫了十年的長信，是我們給彼此的禮物。

第二部分〈未完之路〉是關於我這十年的追尋與書寫，有些事情，我也從未對朋友說過，那些有口難言的、那些難以清晰描摹的絮語，像是對摯友的呢喃，都在這一部分找回了可以訴說的語言。

關於這本書，大部分想說的話，其實都在〈未完之路〉說完了。〈未完之路〉的起心動念是我的困惑，明明白色恐怖受難者那麼多，怎麼現實中我沒有認識半個其他的三代？他們在想什麼？他們怎麼看待一代的理想？怎麼看待噤聲或其他樣貌的二代？他們各自的家庭又經歷過什麼樣的說／不說？

＊

謝謝淑君，我大二時，你在研究室前撿起了外系的我，一路撿到九年後的如今。謝謝你在這份書寫前期的陪伴，也謝謝你博論謝誌裡那句話點醒了我，這二十幾年來，和母親我們誰也沒理解過誰。理解，於是成為漫漫長路。

謝謝傳凱，二〇一九年透過朋友的消息，知道你在尋找白恐三代，因而和你認識，感謝你提供二〇〇九年訪談阿公的逐字稿，這些寶貴的資料帶我看見更久以前他的模樣。謝謝在書寫期間給過回饋的胡淑雯，前年也出書的旖容帶給我不一樣的三代視角，也謝謝答應幫我寫推薦序的榆鈞、恩恩。謝謝印刻部用心設計的封面。謝謝春山的小瑞跟舒晴，沒有強大的你們，不會有這本書的出版。另外，也要感謝我高中的輔導老師及歷史老師，她們是早在我還對歷史重量不太有自覺時，便鼓勵我訴說阿公故事的人。

＊

小時候文筆不錯，被老師誇獎的作文或幸運攢了些小文學獎的散文、詩作，以前都會欣然拿給媽媽看，也會得到她的稱讚。但大學離家後的我，好似幾乎不曾再讓她看我寫的東西，甚至中間因為一些爭執，我以為她不喜歡我再書寫了。但二〇二五年初，農曆過年期間，甫完成碩士論文的我，把論文紙本帶回老家。我的碩士論文和白色恐怖無關，卻同樣是母親與我的歧異及齟齬之一。我試著用輕描淡寫的語氣說，「媽，我論文終於寫完了耶。」

「那麼你要不要看？」媽媽對我說恭喜後，我假裝不經意地把論文放在桌上問。一切都不能太有情緒，假裝隨意問問，也許被拒絕或又被媽媽緊皺著眉頭質疑時，才不會太受傷。這幾年來，我們小心翼翼地彼此靠近，像玻璃般易碎。

「好啊。你之前寫阿公的那些，我到現在還會看。」媽媽說。她指的是這本書的第一部分〈未竟之夢〉，在我完成還是很粗糙的初稿時給她看過，而那已經是三年多前的事了。

我到現在還是會看。我曾經以為再也不願讀我的文字的媽媽這麼說。

*

這故事沒有一個 Happy ending、沒有大和解，現實生活是一趟沒有終點的旅程，那些理解，都還在非線性的時間裡慢慢混沌或清晰。寫著寫著，我發現，我看似在寫阿公，但其實阿公更像是個介質，折射出我與母親的張力；寫著寫著，我發現，我想訴說的對象，已經不只是跟我同樣是白色恐怖受難者三代的人，而是每個在這個時代，同樣與上一代又愛又恨的人們，同樣像兩片玻璃想彼此靠近、卻又必須小心翼翼的你們。也願你們與所愛之人得以彼此理解。

二〇二五年初，二十八歲的開始，於府城

未竟之夢

左派阿公蔡再修

第一章——嘉南一隅的佃農童年

冬盡歲末的新生

「水修啊！時間差不多了！」日頭已斜過屋簷，剛從太保公學校放學走路回家的再修，急急放下書包，一腳俐落地蹬上家裡那隻公水牛的大腿骨、跳上牛背，帶牛去吃草。揀好一塊無人種植的草地，再修便悠閒地坐在牛背上看書。

他的本名其實並不叫「水修」，但全莊的人都是這麼叫他。本名蔡再修的他，出生那年，雖然嘉南大圳已竣工，但太保段的供水仍不穩定，家裡的水田常常欠水，只能三年輪作水稻一次，除當時被殖民政府規定必須三年輪種一次的甘蔗外，另外的年頭只能間或種些雜糧旱作，如番薯、豆類、棉花等，因而被叫作「水修」。

一九三二年，昭和七年，再修出生在嘉義縣太保市後潭里的一個小佃農家庭。

農曆十二月二十八日，那是將近舊曆過年的時日了，再修的母親正忙著將磨完的生米漿和入滾水，再快速攪拌，也就是人們說的「搗粿」。已近傍晚時分，天色漸漸暗了下來，再修的母親突然腹部一陣陣痛起來，再修就這麼出生了。

再修的父親叫蔡有信，蔡家是後潭這庄頭的大姓，算一算再修是從漳州移民來臺的第十一代了。再修從小便不曾見過自己的祖父母，在父親有信尚且年幼的七歲時，祖父母便因鼠疫過世，自此有信便一直到處流浪，輾轉去給地主做工、駕駛牛車等，長大後再向地主租田地耕種。

在當時的臺灣，傳染病時有所聞，肉眼幾乎不可見的跳蚤，卻使人的生命彷彿變得渺小。《百年戰役：臺灣疫情史中的人與事　一八八五至一九四五》[1]一書裡提到，另有「鳥鼠病」、「百思篤」（德文裡 Pest 的音譯）、「黑死病」之稱的鼠疫，經由老鼠身上的跳蚤作為媒介，傳染到人後，人與人之間又透過飛沫傳染快速傳播。西方中世紀曾經造成約兩千五百萬人死亡的鼠疫，在一八九六年開始在南臺灣傳播，而後又傳播到北臺灣，許多臺灣人因而染病。

再修出生之前，家中已有三位姊姊、一位哥哥，然而唯一的哥哥和其中一位姊姊，在那資源缺乏的年代，不是在幼年就因病去世，便是難產而死。因此戶口名簿上再修雖列為次男，成長過程中實際上卻是肩負著長子的責任。

再修出生後，母親接連又生了兩位妹妹和一位弟弟，而其中一位妹妹不幸夭折而死。再修只記得小學一放學便回家幫忙農務，總是邊揹著年幼的妹妹邊工作。當時約莫十歲，一天深夜，再修莫名驚醒，見父母抱著才一歲多的妹妹，平靜地說妹妹死掉了。幼時記憶中，夭折手足的生命彷彿隔日清晨的露珠，輕輕一撢便消逝。

除了自己的兄弟姊妹外，再修小時候也和大伯、堂叔一家人同住，親叔叔二十幾歲便英年早逝。伯父與伯母沒有生自己的小孩，伯母是水上人，再修記得自己小時候也曾經去過伯母娘家。小學一年級時，伯母過世了，大伯並未再娶，就這麼孑然一身與有信一同耕種，直至再修入獄後才過世。父親與伯父共同打理田地的農事，姊姊、弟弟、妹妹和自己則同母親在家中與田地間來回幫忙，當時大部分農家子弟的生活寫照便是如此。

即便如今只留存些傾倒頹圮、不堪人居的殘壁，再修對那紅磚古厝、三合院埕的印象仍記憶猶新。再修長大後的某一年，家裡與隔壁地主有些土地糾紛，請地政事務所來測量，測量員竟說前院超過土地界線，而把它硬生生劃給了隔壁地主，後也幾經重劃，童年時偌大的老房，倏地變得好小好小。

大圳旁的甘蔗田

再修成長的太保一帶，在嘉南大圳完工之前都算是「看天田」，顧名思義即「看天吃飯的田地」，直至他出生的前兩年，一九三〇年，嘉南大圳才完工。根據《圳流百年》一書，[2]嘉南大圳的完工使嘉南平原上的農業灌溉方便許多，然而完工初期仍舊只引烏山頭水庫的水源，要說何時得以獲得穩定的灌溉水源，仍要等到一九七三年曾文水庫正式完工。

比起現今嘉南平原可以一年二作，再修的記憶中，當時灌溉水源仍算缺乏。太保一帶的東邊尚且有足夠水源支撐三年輪作一次水稻，然而到西太保那一帶，即現今的太保國中、高鐵站、故宮南院那附近，全都只能種些甘蔗等旱作，再轉賣給糖廠。在水圳興建之前，其實並不算是相當豐饒的地帶。

《圳流百年》裡提到，嘉南大圳的給水工程分成北港地區濁水溪的濁幹線，橫跨龜重溪、急水溪、八掌溪、朴子溪的北幹線，以及烏山頭水庫南邊官佃溪的南幹線，而幹線又會再細分為支分線等其他小線、集水溝、排水溝。

後潭里這邊還算是東太保，屬於三年輪作的地帶，也就是三年才輪作一次水稻，其他時候則種些番薯、綠豆、棉花、甘蔗等旱作，其中，甘蔗的種植更是因為配合製糖會社等日本資本家輸出日本的需要。尤以嘉南大圳完工後，日本殖民政府得以透過大圳的強制配水、獎勵輪灌、製糖會社與警察的介入，強迫農民配合三年輪作耕作方式，再加上原料採集區制度，農民種的甘蔗只能賣給指定的糖廠，若是沒有按照這些規定，糖廠便會聯絡當地的派出所請警察介入處理。

因製糖會社由日本資本家壟斷，日本資本家與殖民政權為了壓低製糖成本，一九〇五年制定原料採集區制度，透過「米糖比價法」[3]來制定甘蔗原料的收購價。

當時的方法其實是取單位面積土地種植米所得的收入，必須與單位面積土地種植甘蔗所得收入一樣，因此不管糖實際外銷至日本後的價格波動如何，透過此種制度，日本殖民政府與日本資本家不只可以使原料價格幾乎維持低價而確保利潤，更因蔗農沒有可以賣給不同製糖會社的選擇，製糖會社的資本家得以壟斷糖業的獲利。《米糖相剋》[4]裡提及，在一九二〇年代中期之後，日本進口殖民地廉價米，以壓抑國內高昂的米價，臺灣米變成熱門的出口商品，米價上漲從而拉高糖業的原料收購成本，威脅到糖業利潤，才逐漸揭露米糖關係體制下，外資利益（糖業）與本地維生部門（米業）發展彼此矛盾的事實，這便是日治時期「米糖相剋」的現象。[5]

再修記得，每當蔗作採收之後，糖廠火車便會沿著大圳旁的糖鐵，運去鄰近的蒜頭糖廠。即便種甘蔗所需投注的心力較少，但因價格普遍不好，且需要長達一年半的種植，相較於水稻來講，利潤沒那麼高，加上糖廠會社的刁難及壟斷，因此才會流傳著「第一戇，種甘蔗予會社磅」[6]這句話。

然而再修小時候也不全然都是苦悶的記憶，因為甘蔗的高大及隱蔽性，輪到種植甘蔗的時候，小孩子們便常偷偷躲在高大的甘蔗園之中，在裡頭吃甘蔗吃到飽！再修憶起童年這調皮趣事時不禁笑開懷，彷彿齒間仍留著甘蔗多汁的甘甜，兩顆大門牙彷彿還記得啃著甘蔗的清脆聲。而詭妙的是，這些嘻嘻笑笑躲在甘蔗園裡頭偷吃甘蔗的農家小孩們，在十幾、二十年後，有些輾轉先後加入了地下共產黨，政府大加搜捕他們之時，也是這些高大隱蔽的甘蔗園，給了逃亡的他們一個棲身之所。

在那些逃亡的夜晚，穩穩地承接了這些少年們倉皇的心。

佃農的輪迴

一九三〇年代，農人大致可分為幾種情形，自有土地的自耕農、向地主租借土地耕種的佃農，以及不定期叫工的雇工。當時在後潭這村莊，將近一半以上都是佃農，少部分是自耕農或雇工，極少部分才是地主。

再修一家人便是沒有自己田地的佃農，向後潭當地一位姓陳的大地主租田地耕作。每一佃農承租的田地約兩公頃大，大地主們卻動輒有上百公頃田地。[7] 那位陳姓大地主當時光在太保這一帶便有約三百公頃土地（等於三百萬平方公尺，約與十二個中正紀念堂的面積同大），還不包括地主在後潭及嘉義市區各有的一棟房子。

每次收成時的所得都得先被抽成，約莫是抽一半的田租，[8]這收租比例在當時算是極為普遍的，像後潭這位擁有三百多公頃土地的地主，不用再做其他工作，就可以比佃農多出好幾倍的生活費。

輪到種植甘蔗時，當然就是讓糖廠收購，而若是輪到種植番薯，則是有豬農來收購整批整批的番薯用以做成豬飼料。若是輪到種水稻的那年，收成時碾米廠就會來向佃農收購稻穀。當時在後潭莊外的大馬路上有一間碾米廠，而莊內也有一間碾米廠，就在再修家旁邊而已。碾米廠生意都不錯，收購完穀子，攪一攪，然後送去人多的北部銷售。

再修從小就感到相當困惑，佃農們每天辛勤在這片土地上流下汗水，卻在收成時被地主抽取高額的田租，甚至肥料、種子等耕作時額外須付出的成本也得要佃農自己承擔。當時化學肥料剛推出，價錢也不便宜，東扣西扣最後僅剩微薄的利潤，幾乎只能勉強圖個溫飽，甚至有時連三餐都吃不飽，生活相當困苦。

另外，若正值農忙、人手不足時，還得另外僱工幫忙——雇工沒有自己的田地，也沒有向地主租借，唯一的生產工具只有一支鋤頭而已。即便當時的工資很低，但工錢也不能先欠著人家。一般佃農在還沒收成前，哪來那麼多的現金可以既買種子，又買化學肥料，再給雇工工資呢？於是往往都需要先向地主借錢周轉，當時甚至有些地主同時會兼賣肥料，因此一樣是先賒帳，等到收成後將穀物或番薯等雜作賣掉變現，佃農再把這些借的錢加上利息及田租，一併還給地主。

一九四九年，時值再修高三，《耕地三七五減租條例》研擬完成，即「三七五減租」政策，條例中明訂地租由以前普遍的五成降到三七．五％。地租降到三成多，再修一家也跟著這波政策而降租，經濟狀況看似稍稍有了點喘息的空間，然而種子、肥料等價格依舊不便宜，家中的經濟也沒說好轉到哪裡。

再修回憶起以前的地主可囂張的呢，當時仍舊有些地主威脅佃農不要用三七五減租，依然沿用舊有的一半一半。佃農如果要三七五，地主不高興就「吊佃」，也就是「撤佃」，把田地收回、換租給別人——畢竟，這對地主根本不痛不癢。倘若這個佃農不租，還有下一個佃農等著承租，吃虧的往往還是靠土地吃飯的佃農，一吊佃，三餐立刻就成了問題。

其實佃農艱難的處境自日治時期便已存在，例如由簡吉[9]等人成立的鳳山農民組合、趙港等人組織的大肚庄大甲農民組合，這些農民組合早在日治時期便也看見佃農的艱難處境，竭力協助改善佃農的生活。一九二〇年代農民組合曾在臺灣各地遍地開花，各支部間彼此串連，舉辦講座，宣講關於殖民政府對農民的不合理剝削。而當農民組合與政府、警方有衝突或訴訟時，簡吉等農民組合運動領袖亦會協助，透過日本的農民組合邀請日本的社會主義律師來臺辯護，包括布施辰治、古屋貞雄等自由法曹團成員。[10]即便殖民晚期總督府實施各項糧食政策，希望削弱地主階級的勢力，扶植自耕農以達土地零散化。然而國民政府接收臺灣後，一九四六年的田賦徵實、[11]一九四八年的肥料換穀[12]等糧食政策，卻反倒因地主轉嫁成本給佃農，使佃農負擔愈來愈沉重，也使得地主與佃農的糾紛愈演愈烈，隨後才使國民政府不得不制定「土改三部曲」——三七五減租、公地放領與耕者有其田政策。[13]

一九五三年，再修到炙熱的火燒島之時，政府於十二月完成了耕者有其田政策，也就是地主的出租耕地依不同等則，保留不同面積比例的水田或旱田，其餘則賣給佃農，佃農則以年息百分之四，分十年攤還。在這一連串的土地改革後，佃農的比例由原先的四成一降到了二成一，自耕農由原先的三成二增加至五成五。[14]

然而，有信卻被地主擺了一道。耕者有其田政策將實行前，本來可以分十年期、透過政府償還給地主的土地費用，地主卻用話術說服有信，說這樣太麻煩了，乾脆不要透過政府，地主說他打算用更低的價格一次賣給有信。有信算一算覺得好像比較划算，便答應了。然而人算不如天算，因為一下子沒有那麼多現金可以買土地，於是又要向地主先借錢，結果地主用高利貸、百分之三的利息來算，而接下來幾年收成也沒有特別好，變成要還地主這筆錢時卻又掏不出錢來。於是一次又一次，劃出一小塊土地再賣掉變現還給地主，原本面積三甲的田地愈分愈小，後來再修要和弟弟對半分時，便只餘下五分半，不到五分之一的田地而已。

木麻黃下

「唉呦！」光著腳走在大路上，稍不留神，又被木麻黃落下的種子扎到腳底，雖然痛在皮肉，但再修連摸摸腳底也省了，便繼續走著。畢竟整條路上處處都有木麻黃種子須小心閃躲，眼前也不只自己一個小學生又不小心踩到種子。記憶中，小學上學的途中，便是以鋪滿道路的木麻黃種子開場。

這條大路兩旁種滿了木麻黃，雖然說木麻黃除了可以防風，又可以遮蔭，作為行道樹的確有許多優點，然而在一九四〇年左右那物資貧乏的時代，鄉下小學生幾乎都不穿鞋走路的，唉呦唉呦的慘叫聲此起彼落。

這條每天上學和放學都必經的道路，如今在地人都叫它嘉朴公路，然而其實它僅僅從西邊的朴子市連到東邊的水上鄉，還沒到嘉義市那一帶。即便只有單線道，這條東西向的公路依然是當時少數的交通要道，客運車、貨運車往來都跑這條公路，然而大路邊除了行道樹木麻黃，幾乎沒什麼商店及庄頭。再修記得，若放學需要順路幫媽媽買些什麼東西，還是要回後潭莊裡才買得到，於是近兩公里的路程，日日陪這些小學生上學的，就只有一棵棵的木麻黃。

日治時期，一般初等教育系統分為三種類別，日本人讀的學校叫小學校，臺灣人讀的則是公學校，原住民讀的則是蕃人公學校。[15]再修入學三、四年後，一九四一年，為了強調日本人與臺灣人的平等地位，才都改成叫作國民學校。當時唯一鄰近的小學校在隔壁市鎮朴子，而太保有兩所公學校，一所在水虞厝（又稱水牛厝），位於東太保與嘉義市接壤、現今南新一帶，叫東太保公學校；另一所則是再修就讀的太保公學校，位於如今太保市的中間地帶，因學籍範圍較大，學校規模也較大。[16]

再修六歲開始去上學，因為新校舍還在興建當中，小學一年級前，都是在太保庄頭裡的王氏家廟上課。後來搬到新校舍時，新的校舍還散發著木材的香氣，全校總共有六間教室，一年級一個班級，一班通常約六、七十人。

八十幾歲的再修再回去母校看看時，當年對他們來說才新落成的校舍早已成了舊校舍，甚至在幾年後便因過度老舊而拆除。校舍大約在今天的球場跟操場之間，只有操場的位置沒有變動，操場另一頭一直到校門口一帶，如今矗立起一棟棟新校舍、升旗臺、遊樂設施，那塊地方當時原是一大片空地，學校會種些作物、蔬菜等。他記得以前下課幾乎都在操場玩樂，玩盪鞦韆、單槓等，沒有球場就直接把操場拿來當球場，再修還記得當時最喜歡拿皮球玩躲避球。

再修自認是對讀書比較有興趣的人，比起農事耕田，讀書比較輕鬆些。每天放學幫忙家裡農事直至晚餐，吃完晚飯若還有時間，便會稍微溫習一下功課、寫作業，但是說實在的，小學跟初中時，再修都沒花太多額外時間去準備課業。

小學放學後，除了例行的放牛之外，再修還得幫忙割草、灑肥等農事，尤其除草是一年四季都要做的，而忙完這些之後，通常已是天黑了。再修常常在這時間去隔壁地主開的柑仔店，跟地主的小孩一起做功課，村裡的其他小孩有時也會一起來。小學三年級時，有一次同學的哥哥說要出考題給他們寫，當時除了再修，還有另外兩位同班同學一起寫，而同學哥哥出的那些數學題目，其他人都算不出來，只有再修一人很快就計算出來，答案也都正確。地主看了這情況，就跟有信說，「你這個兒子很有天分，將來一定要好好栽培。」

於是，就因地主這句話，一路從小學、初中到高中，多少佃農子弟不敢妄想的高中學歷，父親有信借貸一袋又一袋的稻穀，換成鈔票送往他也不太熟悉的平原東邊的城裡。年復，又一年。

放牛班

下午三點半，日頭才剛開始傾斜，小學便早早放學了，再修急急趕回家裡準備和姊姊一起去放牛。當時幾乎每一戶農家裡頭都至少會養一頭水牛作耕牛，再修家裡頭則是養了兩隻，一公一母。他常自嘲自己是十足的「放牛班」，剛上小學六、七歲時便開始每天放學後趕回家放牛，一開始和姊姊一人牽一隻，即便公牛都有閹割，但仍得由年紀較大的姊姊牽個性比較凶的公牛，再修則牽個性較溫和的母牛，等弟弟長大後，換成再修牽公牛，弟弟牽母牛。

在水牛的大腿骨後面，有一塊稍微凸起的骨頭，放牛的孩子們就是要從那一塊骨頭踩下去，才可以一躍而上、跳上牛背。有時為了要找新鮮的草，不知不覺走得比較遠，但其實也不太會覺得累，因為大部分時候都是騎在牛背上，不是用走的，因此也不會特別辛苦，小小年紀便可以勝任這項工作，甚至還可以坐在牛背上邊放牛邊看書呢。

那時村莊裡即使有小偷也很少偷牽別人家的水牛，因此把牛牽到一個定點後，只需要顧著牛，別讓牠不小心吃到別人家的稻穀作物就可以，尤其得留意小株的水稻，所以要用繩子綁著牛，牢牢牽緊。再修記憶裡，水牛吃草都要吃相當久，牛一共有兩個肚、四個胃，左邊叫草肚，要看牛有沒有吃飽是要看左邊的肚子；右邊則叫作水肚，喝水用的，之所以有四個胃是因為牛是反芻動物，傍晚在外頭吃草，晚上回來就反芻自己咬。[17]

除了放牛吃草外，還要帶水牛去喝水，通常都是帶到後潭莊裡頭的埤潭邊喝水，其他鄰人家的水牛也會在那裡喝水，喝完再牽回家綁著，用一支竹子插在地上，再用麻繩綁在牛鼻子上的金屬環，以此把竹子跟牛綁在一起。

即便村莊裡每戶人家的水牛都會在那片埤潭喝水，但仍舊不會錯認自家的牛——就像人們認人是看臉一樣，看牛的形體就知道哪一隻是自己家的牛、哪一隻不是。兩隻水牛陪了再修一家人許久，後來一隻是再修在獄中時被賣掉，另一隻則是再修婚後才被賣掉。日日近黃昏時固定報到的放牛班，從壯牛到老牛，從毛頭到少年，看形體就知道，不會錯認。

亂世裡的死亡胎記

一九四三年，升初中仍要經過入學考試。再修小學六年級時，開始準備要去投考附近的東石農校初級部。當時學校老師都會在下午另外開補習時間，再修才終於暫時少去田裡工作，去學校老師那邊補習。班上的同學若有父母是吃公家飯的公務員或老師，就可以另外再花時間和金錢指導自己的小孩，或甚至買課外的參考書籍。再修的成績雖然跟他們比起來也差不多，但一直以來都只有靠學校老師這樣教、這樣讀而已，沒有父母特別指導、也沒有課外參考書。

那個年代，鄉下小孩普遍都是讀完小學便沒有繼續升學，更何況是家裡經濟條件較不好的佃農。姊姊和妹妹六歲起就在田裡幫忙父親有信，她們甚至連小學都沒有讀、連學校門口都沒有踏進去過，到十七、八歲時便結婚離家。弟弟則是讀到小學畢業便開始幫忙家裡農務，也沒有升學，唯獨再修一人得以繼續升學。

一九四四年，小學畢業後，考上鄰近的臺南州立東石農業專修學校初級部就讀。再修自覺自己也只是比較喜歡讀書而已，即便他是全家五個小孩當中唯一國小畢業後仍繼續升學的小孩，但其實也沒有花太多時間在讀書，畢竟放學後放牛、忙完農事便已天黑，匆匆寫完學校老師指派的功課，也約莫晚間十點鐘了，隔日又得一大早趕車上學，只能早早就寢。

日治時期，從公學校或小學校、乃至後來的國民學校畢業後，若選擇在臺灣繼續升學，除了中學校外，亦可選擇實業學校就讀。

然而實業教育的部分，根據金柏全指出，[18]不管在一八九八年的臺灣總督府《臺灣公學校規則》，或一九〇四年的《臺灣公學校規則制定事宜》裡，皆是以附加的方式設立實業相關科目，而非直接設立與實業相關之學校。當時的政策允許自公學校畢業或同等學力的子弟，另增加二年以內的學習時間來完成附設的實業科學業。但此項政策畢竟只是暫時性，各州廳長也同意盡快設立實業相關之學校。

一九〇〇至一九一〇年左右，各產業試驗所紛紛自己成立農事講習制度，招收農業講習生。終於在一九二二年新《臺灣教育令》公布後，總督府開始實施內臺共學，實業相關學校數量增加。當時實業相關學校分成各州州立的農業學校、商業學校、工業學校等之外，尚有前身為「簡易實業學校」的「實業補習學校」。實業補習學校在一九二二至一九二八年迎來第一波數量的增長，第二波則在一九三七年戰時體制後，為回應殖民母國日本的戰爭所需而大量設立，其中以農業補習學校為最大宗，因實業補習學校可由州、廳或地方組合設立，且修業年限較短，大大吸引了鄉下農家子弟。

東石農校位於現今的嘉義縣朴子市，為一九二六年創設，原名為「東石農業補習學校」，為地方組合設立，一九三五年更名為「臺南州立東石農業實修學校」，一九四一年四月又更名為「臺南州立東石農業專修學校」，全校編制三班，學生約一百一十名左右。[19]

再修記憶裡，那時臺南州差不多一郡有一個農業學校，在嘉義市的嘉義農林學校算是甲種學校，整個臺南州才兩間甲種學校。像東石農校這樣的乙種學校，一開始設立時修業年限為兩年，後來才改成三年，有高農部及初農部，學生為來自鄉下的臺灣小孩比較多，日本學生要到嘉義市的嘉農才會多一些，所以在日本時代讀書時，再修其實都沒有遇過日本學生。

當時學校規定要早上八點到校，再修都是六點起床，七點便相借莊內其他同學，一起搭從嘉義開往朴子的客運去上學，大概搭二十分鐘便到了。單程車票約四塊錢，一天來回約八塊錢。嘉義客運為日治早期便創立的私人客運公司之一，途經嘉朴公路往西邊海區的朴子一共有兩條線，一條是朴子線，一條是鹽水線，前者從嘉義市途經水上機場開來，後者從南邊的鹽水鎮駛來，約一小時一班車。

讀小學時，校外參訪除了常去朴子的「榮昌座」看戲外，也時常去朴子神社參拜，學校老師會帶著全班同學一起走約一小時的路程到朴子神社。升上初中後，因為東石農校更鄰近朴子神社，加上戰事加緊，皇民化運動正大力推行，於是學生們更常被帶去神社參拜，這些都是再修於日治殖民時期的記憶。

然而，讀初中時在朴子最強烈的記憶仍是關於戰爭的記憶，一九四五年八月，第二次世界大戰結束，再修正讀初中二年級。近二戰末期時，戰況緊急，不只有的老師調去前線打仗，也因為空襲頻繁，印象中幾乎天天在躲空襲。受戰爭的影響，學業都荒廢了。

一九九八年伍佰一首〈空襲警報〉[20]劃破在臺灣歷史教科書裡缺漏五十幾年的一頁。二戰時的再修，一定想不到五十年後，這位同樣出身嘉義縣農村的歌手會寫出這首流傳於年輕人間的流行歌。當時的他，只知道防空洞裡的空氣，窒著一家人的汗味體味、姊姊拉肚子在裡頭的屎臭味、渺小人命緊緊相依的迷茫，有形的汙穢、無形的命運，都被套牢在這一方地洞。

二戰時期，與殖民政府日本屬於敵對陣營的美軍，於一九三八年其實就開始對日本的殖民地臺灣，發起零星空襲。一九四四年前後，二戰進入末期，美國已經穩定控制菲律賓海域，也在菲律賓設立軍事基地，這時的轟炸目標便開始轉移到糖廠、煉油廠、飛機場等重大建設上。[21]

空襲是有時間性的，再修不禁覺得像是上班打卡一樣。從菲律賓基地起飛，抵達臺灣上空，早上來一下空襲，晚上又再來空襲一下。當時家家戶戶都在家裡挖個防空洞，日本人叫「防空壕」。有信也在家後頭挖了個約可容納五、六個人的防空洞，只要美國飛機一來、一有空襲時，全家便可以就近躲進去。

當時的防空洞其實就是挖一個洞、上面蓋一塊木頭、再蓋一層土。大家從一個小門鑽進去，因為防空洞在地底下，所以其實不會很熱，加上走到哪幾乎都有防空洞，也不會太擠，問題是時間的長久——因為得一直躲到空襲警報解除為止，不會有人知道等待的盡頭在哪。再修記得有一次，姊姊因為真的躲太久了，便在裡頭拉肚子，腳都軟了，仍是要等空警報解除後再拿出去倒。

因為上學的關係，每天都得搭客運往返家裡與朴子兩地。有一次，一臺客運被空襲擊重當場爆炸，當時有一個後潭人、再修的同學就在那臺車裡，就這麼被炸死了，所幸那天再修不是搭那班車，因而逃過一劫。聽說這件與死亡擦肩的事後，實在太震驚，加上客運也為了躲空襲，比較不準時，再修後來就都改成住在東石農校的學生宿舍裡，當時稱作「學寮」。在學寮住不到一年的時間，直到戰後，戰爭的陰影仍舊在他心中留下不少刻痕。

躲在防空洞裡，聽著外頭機關槍掃射的聲音，十三、十四歲的少年十分畏懼，朋友被炸死了，課業都荒廢了，死亡好像隨時都可能出沒。

再修總覺得，他們那個年代的人，年少時期好像都是在恐懼與死亡當中度過的，像遲來的胎記，要他們度量，要他們銘記與戰亂、死亡的距離。

1 王佐榮、蔡蕙頻，《百年戰役：臺灣疫情史中的人與事 一八八五至一九四五》（臺北：蒼璧，二〇二〇），頁五七至六三。

2 故事：寫給所有人的歷史，《圳流百年：嘉南大圳的過去與未來 真正改變臺灣這塊土地的現在進行式》（臺北：方寸文創，二〇二〇）。

3 蔗價並不直接對應特定米價比率，而是以替代作物的收益為比較基準，如水稻、陸稻、甘藷，只是當時臺灣最重要的作物——米作，就成為主要比較對象，米價與蔗價因此產生關連。參考陳兆勇、柯志明，〈米糖相剋：耕地的爭奪或利益的衝突〉，《臺灣社會學刊》第三五期（二〇〇五年十二月），頁二三至七三。

4 柯志明，《米糖相剋——日本殖民主義下臺灣的發展與從屬》二版（臺北：群學，二〇〇六）。

5 「米糖相剋」有幾種不同說法，「調和說」認為米糖相剋包括兩方面，一是作為商品作物的甘蔗與作為維生作物的米爭地之問題，二是米蔗之間均衡價格難以達成的問題。甚至，也有學者認為是日本在臺糖業壟斷資本把這個問題「政治化」。「敵對說」認為臺灣米糖衝突的加劇是日本糧食問題的併發症。《米糖相剋》作者柯志明提出另一種觀點，他認為米糖相剋並非作物與作物間的衝突，亦非米生產者與甘蔗生產者對抗，更不是表象上本地人與外來支配者民族對抗，而是農民（包括米農與蔗農）與外來的壟斷資本家之對抗。

6 〈【看世事講臺語】第一齣，種甘蔗予會社磅〉，《公共電視》，二〇一二年一月二十一日，https://www.youtube.com/watch?v=AAKqbvAtLtw&t=1s。

7 一公頃為一萬平方公尺，也就是三〇二五坪，與一甲地的二九三四坪大約一樣，而一甲則又可以換算成十分地，也就是一分地約二九三．四坪，等於二六九．九平方公尺。

8 舉例來說，一九三七年，臺灣各地雙期作田平均租率的全臺平均值為五〇．三六%，臺南州則是四八．六%，參考柯志明，《米糖相剋》二版，附錄四。

9 蔡石山，《滄桑十年：簡吉與臺灣農民運動 一九二四至一九三四》（臺北：遠流，二〇一二），頁八四至九八。

10 曾郁明，〈巨變與衝擊：論社會主義思潮對臺灣左翼運動的影響（以1920-1937年論述）〉（國立臺灣師範大學政治學研究所碩士論文，二〇〇六），頁八〇。

11 土地稅一元臺幣改徵稻穀八．八五公斤，其後陸續加徵。參考〈以農業培養工業：「田賦徵實」、「肥料換穀」政策〉，檔案支援教學網，https://art.archives.gov.tw/Theme.aspx?MenuID=912。

12 一九四八年立法實施，一九七三年終止。參考李盈佳，〈穀物換肥料，造福了誰？二次大戰後的臺灣農民〉，《故事》，二〇一五年五月九日，https://storystudio.tw/article/gushi/ww2-taiwanese-farmer。

13 劉志偉、柯志明，〈戰後糧政體制的建立與土地制度轉型過程中的國家、地主與農民，一九四五至一九四九〉，《臺灣史研究》第九卷第一期（二〇〇二年六月），頁一〇七至一〇八。

14 蔡石山，《臺灣農民運動與土地改革，一九二四至一九五一》（臺北：聯經，二〇一七），頁三一五。

15 許雪姬、薛化元、張淑雅等，《臺灣歷史辭典》（臺北：文建會，二〇〇四），頁一〇四至一〇五；一二七〇至一二七一。

16 李明仁，《太保市志》（嘉義：嘉義縣太保市公所，二〇〇九），頁二三六至三四三。

17 此處為阿公的說法，實際上牛只有一個胃，胃中有四個胃部，以利反芻。

18 金柏全，〈日治時期臺灣實業教育之變遷〉（國立臺灣大學歷史學系碩士論文，二〇〇八），頁九三至九五。

19 國立東石高級中學，〈校史資訊〉，https://www.tssh.cyc.edu.tw/content/index.aspx?Parser=1,3,27。

20 〈空襲警報〉歌詞節錄：「阮阿公空襲的時早就已經跌落山腳／阮阿嬤的豬圈乎伊燒甲臭火乾／阮阿爸上班的糖廠去乎掃甲一坑一嘎／做田的隴嘛走去躲在樹仔腳／飛凌機若來你就趴落爛溝仔或是土腳／阮厝邊有人未付去乎彈到腳／飛凌機飛來的時盛盛叫是有夠大聲／你遠遠無見人是已經就知影」。

21 五花鹽，〈這款的代誌，學校攏無提：「臺北大空襲」七十週年〉，《關鍵評論網》，二〇一五年五月三十日，https://www.thenewslens.com/article/17600。

第二章——變動時代的年少記事

「皇民」的記憶

再修出生後的那幾年，幾乎就緊接著第二次世界大戰期間日本政府的皇民化政策，記憶中，再修小時候都不知道自己的祖先移民自中國漳州。他後來回想時覺得，那時皇民化政策就是要洗腦他們，讓他們認為自己跟日本人一樣是「天皇的子民」。一九三七年七七事變發生時，社會氛圍也都充斥著中國的不是，加以後來的志願兵招募，日本殖民政府也洗腦臺灣人——既然身為皇民，替日本天皇打仗犧牲是天經地義，甚至是非常光榮的事。

二戰戰況緊急時，一九四二年日本政府開始招募陸軍「臺灣特別志願兵」，一九四四年全面徵兵，這些人後來都被稱為「臺籍日本兵」[1]，如後於二〇〇八年為了抗議臺灣政府對日籍臺灣老兵及遺族不聞不問而自焚的許昭榮。[2]這些臺籍日本兵在二戰後期大量被徵召到東南亞國家——即當時所謂的「南洋」，為日本打仗，卻在二戰結束時，有些以「戰犯」身分被美、英等同盟國咎責。

當時再修因為年紀尚輕而沒被徵召，學校幾位三年級的學長卻被調去作「學徒兵」。那些學長們的家裡會掛上長長的白布條，用日文寫著歡送的話。高唱出征歌曲的人們，澎湃激昂的情緒在車站列隊歡迎的學生們之間發酵。

再修印象中，當時聽到女生說要去軍中當護士、去食堂工作或幫忙洗衣服，但是再修猜她們後來大概都被騙去作慰安婦了。二戰期間，日本的慰安婦制度讓所有被日本殖民或占領的國家的婦女，無一倖免於被「徵召」的命運，而在臺灣，約有一千兩百位婦女也曾在戰時體制裡被捲進這般命運，且多數其實並非在自願的情形下被「徵召」。[3]

當時再修也常聽說嘉義市區有特攻隊的遊行，讓他們這些鄉下的學生非常羨慕。那時的再修還不知道戰爭的恐怖，學生們都被學校教育得服服貼貼，認為當兵打仗是為天皇陛下，一切都理所當然是光榮的。

然而，再修隱隱約約仍會覺得臺灣人跟日本人的待遇是不同的，可能是透過自身的經驗或是透過長輩口中得知，才有這般被差別對待的感覺。再修在日治時期的求學期間都沒有和日本人打交道的經驗，倒是因為就讀的初中鄰近當時日本學生居多的公立甲號朴子國民學校[4]（後雖已改制為國民學校，但因前身為朴子尋常高等小學校，因此多數學生為日本人），再修在校外看過日本小孩對臺灣小孩的態度相當凶悍，又往往帶著鄙視與輕蔑。

日本政府在臺灣實施的警察制度亦是以嚴格凶悍聞名。當時臺灣人都叫警察為「大人」，且對這些「大人」們相當畏懼，不願意惹事上身。再修對這些「大人」們的記憶同時交織著民族與階級意識，他記得「大人」們總是對農人或窮人比較凶，對地主或是在農會、公所、學校上班的人比較客氣。一樣都是臺灣人，有錢有地位的人和沒錢沒地位的人，竟被「大人」如此大小眼對待。

「光復」之日

一九四五年八月十五日，日本宣布無條件投降，再修沒有親耳聽到「玉音放送」，也就是日本天皇投降時的廣播，是後來聽人轉述才得知日本戰敗了。當時人們議論紛紛，莊裡一些老一輩的都說日本時代的稅金和義務勞動很重，因此當他們聽說日本投降後可能將臺灣歸還給中國時，一些較有年紀與名望的地方耆老紛紛開始說著「祖國」、「三民主義」、「自由平等」這些以前聽也沒聽過的詞彙。他們興高采烈期望著，「回歸祖國」後，便不會像以前那般不平等、不自由了。

當時各地都是歡樂的氣氛，再修記得光復之初，因先前日本皇民化政策而遭禁的傳統廟會及久違的獅陣，又開始可以在家隔壁的廟前表演，四處都是放炮慶祝的聲音。而像再修這樣的鄉下小孩，雖然沒有特別到基隆港或市街裡去迎接國民政府，但地方上，有人開始自發辦起中文班，學校也開始有會北京話的臺灣老師教中文。從注音符號ㄅㄆㄇ開始學習，面對這一大轉變，自小就學日語的再修一開始的確覺得很難，但最終仍是努力克服，前後大概花了三、四年的時間，才把中文的聽、說、讀、寫學好。

實際上光復後三民主義、自由平等那些理論，在表面上講得冠冕堂皇，國民政府官員來的時候，又是另一種光景，再修後來這麼感慨。

後話是這樣的，一九四九年前後，國民政府約一百二十萬[5]的軍隊、官員、家眷、流亡學生紛紛抵達臺灣。當時正值再修讀高三，年底時，學校的畢業旅行計畫去臺北四天三夜，這也是他第一次北上至臺北遊玩。

再修這些窮學生們因為要省旅費，大夥兒就一同借宿成功高中的禮堂，打著地鋪便睡了。再修依稀記得那幾天還去了淡水老街，也去了臺大校園，然而最震懾他的仍是鬧熱的臺北街頭，竟流落著從中國一起撤退來臺的老百姓，當時的他感受到這個政府的失職與荒唐，這些數以萬計的人民究竟是如何變成流落街頭的難民？

困惑尚未被解答，不幸的疑雲便已悄悄籠罩他的少年時期。第一次上臺北，是再修十八歲那年，一大清早從嘉義火車站一路搭乘最慢的火車，車程八個小時才抵達天色已暗的臺北。此時的他也許尚未預想到，第二次上來臺北，即便是光天化日，但他將會被蒙上黑暗的布條，怎麼也見不著臺北的街景。

到時，對再修來說，臺北的天空，沒有年輕的笑容，只有漫長黑夜給的另一片黑。

三月做洪水

回到一九四七年二月二十七日，臺北天馬茶房發生警民衝突，積累著幾個月下來對於國民政府貪汙腐敗、城市裡物價飛漲的不滿與民怨，如洪水般一發不可收拾，演變成近三個月的全臺性事件，即後來我們說的「二二八事件」。當時，各地幾乎都有民眾群起響應，較溫和的手法是由各地地方仕紳組成二二八事件處理委員會，並成立治安組織，有些地方則演變成較激烈的自衛隊、武裝部隊等群眾或青年的抗爭行動。

二二八事件發生時，再修正值初中三年級，仍在朴子的東石農校就讀。他還記得，事件發生後，有些學校裡的外省籍老師可能擔心自己的安危，便跑去較安全的地方躲藏起來，學校因此停課一星期左右。不過鄉下草地（tsháu-tē），相比風聲較大的嘉義市街和嘉義的水上機場，的確是比較平靜。

當時嘉義地區最為緊張的地方便是嘉義市街及水上機場兩地，事件發生後，嘉義的地方菁英也組成了事件處理委員會，與國民政府斡旋和談，時任嘉義市參議員、著名的畫家陳澄波便是其中之一。然而三月中下旬，陳澄波等人卻未經審判，便於嘉義火車站前槍決示眾。其他於二戰時接受過戰事訓練的雲嘉地區年輕人，則是在三月二日左右開始集結，為了接收武器、防止國民政府軍隊出動傷害民眾，民兵圍攻紅毛埤第十九軍械庫、水上機場等地，紛紛投入武裝抗爭。

隨著官方將此次事件定調為「暴動」、「奸黨煽動」，且聲稱不排除背後有中國共產黨的勢力介入，便從中國調兵，開始動用軍警武力清鄉。[6]陸續出土的相關研究，如《重構二二八：戰後美中體制、中國統治模式與臺灣》[7]一書裡便推測，當時的行政長官陳儀應是在三月二日晚間向中央政府請求援兵，而三月五日清晨，陳儀終於接獲蔣介石來電通知已派援兵出發。三月八日早上，軍隊陸續自基隆港登臺，開始一連串、全臺各地的武力掃蕩。然而至三月七日之前，陳儀對二二八事件處理委員會的態度都十分退讓，也不斷承諾不會再進行軍事鎮壓，且將會著手處理相關宣撫工作。換句話說，就在大軍即將臨下臺灣之際，臺灣的最高軍政首長陳儀仍在公開的廣播上繼續欺瞞民眾。

三月中下旬之後，市街已被掃蕩殆盡，學校也復學了。再修往來家裡與朴子之間時，偶爾會遇上國民黨的軍隊，親眼看見一位農民因和國民黨軍人語言不通，被軍人用槍托打，他感到非常驚訝，因為在日本時代，日本軍隊也不至於如此。他總納悶，國民黨軍隊的裝備那麼差、穿的也破破爛爛、營養也不是很好，相比日本時代看見的軍紀相差甚大，一時之間頗不習慣。

大人們耳語著事件後的死傷，以及哪些地方有名望的人士「被消失」、被槍決了，如當時朴子的副鎮長張榮宗，與時任臺南縣參議員、在朴子鎮上德壽醫院行醫的黃媽典。再修還記得，當時草地間人們耳語著，朴子地區有一些年紀稍微大一點的年輕學生也有參與一些抗爭。他們還悄悄流傳著，說朴子火車站死了七、八個年輕人。

當時懵懵懂懂的再修，在相對無事的草地，對於二二八事件的印象可說是模模糊糊，卻一直記得那些傳聞——七、八個年輕澎湃的生命，在糖鐵線的總站，五分車的盡頭，畫下倉促的句點。

揹著寄望的農村子弟

帶著便當，跳上因擁擠而彷彿不斷沁著汗滴的小火車，再修一站穩，便急急打開書包檢查一下便當的鐵蓋是否還在，擔心方才趕火車而打翻弄髒書包。

因為番薯籤比較容易腐壞，母親特地多挑了些白米飯給再修包便當，配上一貫的菜色，一些鹹魚，有時候還有菜脯蛋，而青菜的部分，因為易壞，所以通常便當裡是沒有什麼青菜的——除了初中時因為要躲空襲而短暫住過學校宿舍，學校請人統一煮三餐外，再修從小到大都是吃這樣簡易的便當作午餐。

也因為都從家裡帶便當的緣故，再修鮮少在外頭買東西吃，所以不太明瞭外頭的物價。加上農村的米、青菜、番薯、鹹魚等往往都是自給自足，或親友間贈送交換，所以光復後市街物價飛漲的情形，在農村鄉下倒是不常見，或者應該說，畢竟早已吃了十幾個年頭的番薯飯了。

一九四七年，再修十五歲，前一年才懵懵懂懂迎接二戰的結束、光復，以及隨之而來讓人民失望的國民政府、謠傳死了七八個人的朴子車頭，這一年便來到了考高中的年紀。惦記著地主的那段話，在當時的鄉下，初中畢業後繼續升學是相當不常見的情況，有信卻繼續辛勤工作以供再修讀高中，所幸再修也順利考上當時在嘉義知名的省立嘉義農校職業學校高中部的農藝科。

其實，當時農村父母們因寄望下一代可以翻轉農家辛苦的命運，若是稍微會讀書的男丁，便紛紛被送往市街的職業學校讀書，希望至少高職畢業後，可以找個市街的工作，也因為這求職的考量，反倒很少農家子弟選擇就讀普通高中。農村父母們認為，農業職校畢業後，可以到糖廠或菸酒專賣局當「坐辦公室」的職員，或可以參加考試，去糧食局或其他公家機關做事，這些工作都遠比種田人穩定；而工業職校畢業後可以到工廠做事，習得一技之長，期望黑手變頭家，說不定未來可以自己開工廠，不用被困在窮苦的農村鄉下。

嘉義農校創立於一九一九年（大正八年），當時校名為「臺灣公立嘉義農林學校」，兩年後改名為「臺南州立嘉義農林學校」，在日治時期以嘉農棒球隊聞名，即電影《KANO》中的故事。二戰結束後，又易名為「臺灣省立嘉義農業職業學校」，兼收初中部及高中部的學生，但後來又於一九四九年左右停收初中部學生，於一九五一年易名為「臺灣省立嘉義高級農業職業學校」。

其間，伴隨學校發展，校址數度遷移，創校校址在「山仔頂」（即現中山路上近嘉義公園附近，國立嘉義高商現址）。一九三八年（昭和十三年）遷至民生校區，後又於一九八五年，將行政中心遷至蘭潭校區現址。輾轉升格為國立嘉義技術學院後，於二〇〇〇年與原國立嘉義師範學院整併為國立嘉義大學。

當時雲嘉地區的學生們，不管是初中還是高中，幾乎都仰賴昔日運送甘蔗的糖廠小火車通勤。錯綜複雜的糖鐵線，猶如掌紋般，連接起蔗田間的莘莘學子，刻劃著求學時光的朝日與黃昏。

五點多天才剛亮，再修便得起床趕去搭小火車，那是上學時唯一可以搭的一班車次，若沒趕上的話，上學便會遲到。相較之下，回程時則有兩班車次，早一點的那班車回到家時約莫五點，還可以幫忙一陣子的農事，若沒搭上早一點的那班車，再搭下一班回家時便是七點多了。

早上，先在後潭這一站搭上從南靖糖廠駛來的南靖線，到了蒜頭糖廠再轉車，轉搭從朴子開來的朴子線。再修下了車，因為火車上擁擠的關係，卡其色的制服早已浸溼了汗，但仍得從火車站走約半小時的路程，到當時位於民生南路上的學校。也因這波折的上學路程，往往上到早上第三節課，從外縣市來的學生們，便早已把便當吃個精光，午餐時間往往只能眼巴巴看著其他同學們吃。

當時若要從後潭到嘉義市上學，雖然說也有往來朴子與嘉義的客運可以搭，但因價錢較貴，比較少學生選擇這種方式。相較之下，糖鐵小火車的月票價格就較低廉，甚至因為學生太多，車掌沒有時間一一驗票，逃票行為非常常見，這些農村的窮學生們也心照不宣。

這是光復後常見的光景，揣著書包，揹著農村父母厚重的寄望，一個個農村子弟越過掌紋般的糖鐵線，來到小時印象中都是有錢人跟日本人的嘉義市市街。五分車駛過蔗田與水田，在嘉義車頭與雲嘉平原間，朝日與下舖間，吞吐著成批的農村學子們。

年少的校園光景

當時嘉農的校景，再修至今仍印象深刻。從嘉義車站，沿著現嘉義市的民生南路一直往南邊走去。嘉農校園坐落的地方在當時是嘉義市的邊陲地帶，因此約莫三十分鐘的路程裡，越過的風景是一片又一片的水田。

一進校門口，隨即映入眼簾的便是噴水池，接著是教學區校舍。教學區由北到南，分別是辦公室、教室、實驗室及學生宿舍。雖名為學生宿舍，但因國民政府來臺時，大批外省老師沒有住處，便拿來充當教師宿舍了。

除此之外，還有大禮堂、圖書館，以及再修快畢業時才蓋好的科學館。當時的圖書館是日治時期的武道館，專門拿來練柔道跟劍道，光復後才改建成圖書館，因此藏書不多，相對簡陋些。而像命脈般貫穿校園的，便是兩條由東到西長長的水圳，較北邊的為道爺圳，較南邊的則是將軍圳，這是多數嘉農校友都記得的景象。

越過教學區後，經過可以乘涼的椰林大道，便會來到西邊的操場。再修記得，以前體育課時練體操、升旗典禮等都在操場上進行，操場南邊則是農具室、加工室、牛舍、豬圈、堆肥舍等。即便當時尚未有畜牧科，但因為農業課程需要，仍會有畜牧相關的課程，因此學校養些牛、羊、豬也不足為奇。

而在校園最南邊，則是一大片實習農場。再修記得高三之後，除了早上五節的室內課程外，每天下午有兩節實習課，在學校的實習農場拿起鋤頭實際操作，幾乎什麼都種，種花種菜，都難不倒他們農校的學生。

全校當時一共有十個班級，高一到高三各兩班農藝科、一班森林科，再外加一班的初級部，初級部一直招收到再修高二時，也就是一九四八年。雖然農藝科與森林科兩科的分科是入學註冊時才選的，但一直以來都是農藝科比較熱門，因此農藝科平均一班都有大約五十位學生，相較之下，二十幾人的森林科就顯得規模較小。

當時農藝科又分甲、乙兩班，再修分屬在乙班。高三時的導師名為郭遠之，[8]他曾於一九三六年左右留學日本明治大學政治經濟系，在日本期間接觸馬克思主義而深受影響，後來回中國時便與中國共產黨有了聯繫，來臺後亦與吳乃光等人持續從事地下黨組織工作。兩、三年後再修在獄中才聽說，郭遠之留學日本時就有參與日本的共產黨活動，一九五二年因左傾及參加臺灣當時的地下黨而被逮捕，留下一位年僅八歲的兒子。

在嘉農期間，再修他們也會上一般高中的科目，如國文、數學、英文、歷史、地理、公民、物理、化學和體育。還記得高三時的體育課要考籃球，考試規則與方式十分簡單，每人投籃十次看一共進球幾次，投進去次數多的人分數就比較高。再修記得他那時怎麼投都投不進去，本來以為分數會不及格，沒想到學期末看到成績單，竟然還有七十五分！

除此之外，還有一些農業相關的課程如病蟲害、育種學、遺傳學、土壤肥料、農業經濟、農村合作、農場經營及農業製造學等。其中，再修最感興趣的科目便是農業經濟學。

農業經濟學是農藝科到高三時才有的科目，在高三上學期中曾經換過一次老師，學期一開始的那位老師非常會教，不需要看著課本或講義，一根粉筆便可以洋洋灑灑寫滿整片黑板的經濟學理論，看得出是有真功夫的老師，已經把理論融會貫通了。後來，因學校開始籌設位於以前叫「紅毛埤」一帶的蘭潭分部，也預計成立畜牧科，接手管理臺灣總督府下轄的嘉義畜牧試驗支所，原本的農業經濟學老師便被調到蘭潭分部任職主任。

換了老師之後，再修總覺得新老師不只不會教，似乎自己連理論都沒有讀懂，只是照本宣科地照講義或課本上的文字，一字不漏地唸出來，搞得大家上課頻頻打瞌睡。

睡著睡著，彷彿這片土地的未來，也愈睡愈苦悶了。

活跳，死寂

再修有時也會想起小時候在埤潭邊看人抓魚的冬日時刻。

在農村，冬季休耕是農家一年之中難得的休息時節。然而，被平時賒欠地主的債務及利息追趕的佃農，是休息不得的，像頭全年無休的耕牛，仍舊得在這時節找些活兒來做。

在父親有信所租的田地附近，有個人工的灌溉用水埤，叫「加走埤」。據說以前那裡曾經有個庄頭，後來因為傳染病而散莊，有些莊民便遷移到現在的後潭這裡，然而人工埤仍舊留了下來，後續用作灌溉用途。

除了灌溉外，也可以向鄉公所租用，大家便在裡頭養起了魚，大概都養些本土草魚等價格不高的魚。因為埤的北邊地勢較高，南邊地勢較低，可以藉此用類似虹吸原理把水抽乾。每到乾季的冬日時節大人們便會把水抽乾，再下去抓魚，之後賣到市場賺點小錢，這其中也包括有信。

冬日空曠的田裡，放眼望去沒什麼遮蔽建築物，凜冽的風毫不領情颳向這些佃農粗糙的皮膚。大人們忙著抓魚，只有再修一個小孩，自顧自地看著忙碌抓魚的大人。

冷風依舊，一雙雙粗糙的手裸露在捲起的袖管之下，浸在只餘留些許冰冷蓄水的埤庫，一條條由活跳轉為死寂的草魚，一簍簍被裝箱運往市場。

由活跳轉為死寂。

---

1 臺籍日本兵，亦稱臺裔日本兵、日本籍臺灣兵，一般指太平洋戰爭後期（一九四二至一九四五年）被日本招募和徵召服役的臺灣軍人。

2 許昭榮著，周振英譯，《寧願燒盡，不願銹壞：臺灣烈士許昭榮與臺籍老兵紀念集》（高雄：高雄市文化局，二〇〇八）。

3 陳泓儒、謝孟穎，〈慰安婦　被迫摘掉子宮、至親痛罵「賤女人」，六名慰安婦隱忍五十年淚水：有些事比日本人可怕〉，《風傳媒》，二〇二一年四月十一日，https://www.storm.mg/lifestyle/308955。

4 〈學校沿革〉，嘉義縣立東石國民中學網頁，http://www.tsjh.cyc.edu.tw/modules/tadnews/page.php?nsn=19。

5 林桶法，〈戰後初期到一九五〇年代臺灣人口的移出與移入〉，《臺灣學通訊》第一〇三期（二〇一八年一月）。其中提到一九五〇年前後遷臺人口大致分為兩類：軍人及一般民眾或公務員，前者總共軍隊數量約五十餘萬人，後者人數大約六十餘萬人，一共約一百二十萬人。葉高華於《臺灣族群史解謎》（臺北：春山，二〇二四）中的估算是一〇二萬人左右。

6 一九四七年三月二十日，臺灣省行政長官兼警備總司令陳儀發布清鄉通告〈為實施清鄉告民眾書〉，參考周婉窈，《臺灣歷史圖說（增訂版）》（臺北：聯經，二〇〇七）。

7 陳翠蓮，《重構二二八：戰後美中體制、中國統治模式與臺灣》（新北：衛城，二〇一七）。

8 郭遠之，一九一四年生，原名郭而剛，江西萬載縣人。來臺擔任嘉農文史教員及教務主任一職，因吳乃光案被牽連，被捕時年三十九歲，後被判死刑。臺灣轉型正義資料庫，〈郭遠之〉，https://twtjcdb.nhrm.gov.tw/Search/Detail/15108。

第三章——自土地萌芽的左眼

番薯籤

雖然出生於日治時期，但可能因為就讀的學校以臺灣學生居多，再修對於臺灣人與日本人之間的不平等待遇，其實是朦朦朧朧的感覺。少數接觸日本人的例子，大概是聽長輩說警察「大人」對待臺灣人與日本人的差別，以及一次親眼看見其他臺灣小孩被日本小孩打的經驗。然而，比起民族上對於臺、日人的不平等待遇，再修總覺得自己小時候更在意貧富之間的不平等，而這樣的階級意識，並沒有因為高中時到了市街讀書而有所減少。

《米糖相剋》裡提及，因其他的工業部門、製糖會社已被日本資本霸占，臺灣本地的資本家在日治時期往往只能從事土地投資。到了日治後期，殖民政府開始壓制農民運動，因此更加穩固與日本政府友好的臺灣本土資本家的勢力。臺灣本土的有錢人家是以作為大地主、收佃租致富，這些大地主往往不住在自己的農田附近，而是住在市街裡，再另請人幫忙向佃農收取地租。

因此，當時再修總覺得住在街市的有錢人跟日本人差不多，地位都比自己高。他的衣褲穿到破掉仍是一補再補，冬天總是穿不暖，甚至弟妹穿兄姊穿不下的衣服也是常有的事。自己的衣服總是灰灰舊舊的，反觀在市街裡的有錢人家，他們小孩的衣服總是那麼新，連半點皺褶都不曾沾染。

鄉下沒有診所，再修生病時，父親有信便會帶他去嘉義市的市街裡看病，然而走在大通（今中山路）上，街道兩旁摩登的店面裝潢，收音機播送著再修聽都沒聽過的音樂，路過的旁人各個穿著時髦又嶄新，再修常常在這些時刻湧上莫名的自卑感，總覺得一樣都是人，怎麼會差那麼多？

也因為小學時就常常和鄰居的地主家小孩一同做功課，看到他們的生活水平和自己的生活水平，常會訝異差距怎麼會如此之大。光是三餐方面，若是地主的話，幾乎是餐餐吃白米飯；而若是佃農的話，則是連米飯都吃不到，總是吃曬乾的番薯籤，那番薯籤不是現代養生餐廳裡又大又甜的排毒番薯，而是用較不肥沃的土地種下的無味又難嚼的番薯，肚子餓時仍舊只能將就著吃。番薯一年只生產一次，收成後曝曬儲藏，要吃的時後差不多用三分之一米、三分之二番薯籤的比例，慢慢煮來吃，若是較靠近海口的土地，因地力更不好，收成更差，有時甚至整碗都是番薯籤，沒有半丁點的白米飯。

再修總是納悶為何自己種稻、養豬，這些收成生產的作物，自己一口都吃不到，整天閒閒沒事做的地主卻餐餐有白米飯吃。當然，再修一家的三餐沒有魚，也沒有肉，配菜往往就是蘿蔔乾跟醃瓜。

除此之外，平常身上也幾乎沒有多餘的閒錢，一家人買東西都要賒帳。不管是父親買菸買酒，還是母親買鹹魚，都不是用現金去買的，而是先賒帳，到收成時再去還。若再加上要給地主的地租，扣一扣幾乎就沒多餘收入了，家裡幾乎不曾看過什麼現金，當然更不用妄想買什麼「四秀仔」[1]了。

而佃農家的女兒即使結婚，對象的經濟條件往往也差不多，再修的妹妹嫁到太保附近的庄頭梅仔厝，其中一位姊姊則是嫁到稍微遠一點的六腳灣內。再修記得那時只有他去姊姊家作客時，他們才會捨得拿出白米飯來煮，其他時候他們一家人也都是吃番薯籤草草解決一餐。

禁書的啟蒙

再修高三那年，正是一九四九年，國民政府撤退來臺的那一年。偶爾同學們之間傳閱著報紙一起翻看，鄉里大人們多少也會講一點時事。雖然很片面，但再修多少知道了一些國共內戰、國民政府撤退來臺，甚至兩岸一觸即發的戰事等時局。

加以高三上學期，學校舉行畢業旅行，再修第一次到了臺北，卻被當時跟隨國民政府來臺、衣著落魄的外省兵和平民驚嚇到，心中隱隱留存著對於時局的困惑：究竟光復時大家歡欣鼓舞迎接的國民政府，為什麼會變成這樣子呢？

困惑歸困惑，課業之餘的假日仍要下田幫忙家裡農事的再修，更大的猶疑在於佃農階級生活的困苦。

農業經濟學這門課最讓再修感興趣，不只是因為第一位老師的教學表現良好，更因為其中提到關於如何提高農村的生產等問題，再修總是思考著像家裡這樣的農家，到底可以藉由什麼方式來降低肥料、種子等生產成本或提高穀物的產量，好讓生活好過一些、不那麼困頓。

再修個頭不高，大約才一百六十公分左右而已，加上總是營養不良，身材單薄，更顯瘦小，在班上的座位總是被分配到前頭。再修仍記得第一次接觸到禁書時的情景，一次下課，同為坐在教室前頭的同學蔡志愿，[2]看他平常上農業經濟學時上得津津有味的樣子，便問再修想不想多讀一點相關的課外書。好學的再修當然二話不說便答應了，更何況還是別人借的，不用多花半毛錢去買呢。

同學志愿也同姓蔡，是雲林縣四湖人。相對木訥內向的再修，蔡志愿是個外向的人，不會到太過聒噪，熟悉於和人應對，因此在班上人緣不錯。再修的印象裡，蔡志愿的家裡原本是開柑仔店，但後來不幸倒閉，家裡也宣告破產，高中後半無可避免地被困在這經濟的愁苦裡頭。

四湖鄉位於雲林的海線，不像其他地方有糖鐵線經過。同樣是雲林人，若是從北港來的，便可以搭糖鐵通勤上下學，但若是像蔡志愿從雲林口湖或四湖等海線地帶來的學生，便只能在嘉義市租房子。幸好蔡志愿在嘉義市區還有親戚，他便寄住在親戚家中。

再修忘記究竟蔡志愿拿給他的第一本書書名是什麼，只記得內容大抵是有關馬克思的共產主義理論。再修依稀記得之前在農業經濟學這門課裡，老師有提過一些概念，但僅止於稍微提及，直到讀到蔡志愿拿給自己的書時，才有了比較透徹的認識。

再修愈看愈有興趣，陸陸續續又跟蔡志愿借了幾本。年輕時看書很快，平均一天或一個晚上就可以讀完一本書，印象中有在講生產力與生產關係的《社會發展史》、探討唯物辯證法的《歷史唯物論》、描述剝削行為的《剩餘價值論》、《資本論入門》等有關馬克思主義的叢書。因為距離光復後開始學習中文已經四、五個年頭了，對再修來說，閱讀中文書並非難事，但馬克思主義的原典太艱深難懂，當時讀的大部分是注釋本或導論性質的書籍，尤以毛澤東或中國哲學家艾思奇等人撰寫的書籍為主。也因閱讀日文沒有障礙，當時讀的有些書籍是日本宣揚馬克思主義的先驅、日本共產黨黨員與經濟學家河上肇所著的理論書籍。

除此之外，還有毛澤東的《新民主主義論》，以及其他理論家的書，如《歷史轉變的年代》、《社會的故事》、《二次革命大戰》、《社會科學簡明教程》、《論農村工作》、《零下四十度》等左翼書籍。這些書籍有深入探究歷史唯物論、共產主義及資本主義的理論，也有探討共產主義究竟該如何應用於中國農村社會的問題，亦有描述毛澤東等人於共產黨草創時期的組織工作。

也因這些書的核心皆直指共產主義的實行，在國際美蘇冷戰與國共內戰的「雙戰結構」[3]下，不只與當時支持國民黨的美國欲形成太平洋「自由防線」的主張衝突，亦因直指當時國民政府其中的貪汙腐敗，而在一九四九年頒布戒嚴令前後，被國民政府視為禁書。

再修當時讀到，在共產理論裡，人們依生產工具的有無，分為擁有生產工具的資本家，以及沒有生產工具的無產階級。沒有生產工具的無產階級，只能日復一日辛勤地替資本家工作，這就是「剝削」。

再修每每讀到這些段落總是有種心有戚戚的激動，可能因為家裡就是佃農的關係，讀這些書時總是覺得相當有共鳴。他想起自己身為家中唯一有讀書的孩子，家人們沒日沒夜在田裡工作，收成卻泰半都交給地主，如果佃農不服的話，地主就不給佃農田地做。縱使光復後進行了土地改革，但那些原本困苦的佃農，生活真的有比較好嗎？當時大家口口聲聲說的三民主義中的「平均地權」真的有落實嗎？

他開始認知到，書中所寫的資本家、無產階級，放在當時的情境底下，不就是地主階級跟佃農階級嗎？不就是市街裡的有錢人家跟農村鄉下的艱苦人嗎？不就是工廠裡的老闆跟做著粗重工作的工人嗎？再修深切地感受到，會認同馬克思主義理論，不只是因為想解放農工階級，更是因為自己本身就是書中講的那個無產階級——身為佃農子弟，沒有自己的農地，一家人本身就是書中所謂的無產階級啊！

再修還記得剛接觸這些書時，時序緩緩進入秋末。屬於一年二穫的嘉南平原，整個村莊正上演著二期稻作收成的年度大戲，從學校搭糖鐵火車回到村莊裡，傍晚時分正是村里鄰居們收拾庭院曬著的穀物之時。再修總是愣愣地看著那些畫面，看收起的穀物在院埕裡揚起的陣陣塵土，被揚起後，又跌落一地，彷彿跳脫不了命運輪迴的佃農人家。

讀書會的激盪

因為陸續向蔡志愿借書，經常放學後到他賃居於市區的家中和他討論、研讀這些左翼書籍，至天黑才趕搭末班糖廠火車。有時也會遇到和蔡志愿同住的親戚，偶爾打個招呼，久了才知道原來對方是嘉工補校的學生，叫張棟材。[4]後來偶爾會有其他人一起參與讀書會的討論，大多是在嘉義市區讀職業學校的學生們，他們稱這個會叫「時事座談會」。

在這期間，不管是會上大家討論到的，或是從書中得到的體悟，還是自己的感觸，都引發再修思考很多問題。

他想起以前農業經濟學的老師提過，土地制度有公有制度與私有制度兩種，馬克思主義的理論便是偏向前者，然而一直到這時候，再修才恍然大悟，原來除了土地私有，社會上還有其他種制度存在的可能！

相對於土地公有制，土地私有制才會出現地主與佃農兩種身分的人。再修記得，當時地主階級囂張得很，佃農可能會遇到的問題，除了田租相當高之外，也幾乎沒有籌碼跟地主討價還價。倘若和地主有了糾紛，地主一不高興，就可以「換佃」（或「吊佃」）——這種情況對地主來說幾乎可說是無傷大雅，但對佃農來說，卻得馬上面對無田可耕、無米可食的窘境。

高三那時也正是政府預計將實行三七五減租政策的時候。再修本來還困惑著為什麼國民政府會施行這項政策，後來陸續向蔡志愿借多一點書來看，也在座談會中聽到別人談論一些時事，他才漸漸有了想法。他猜測國民政府還在中國時遲遲未實行土地改革，到了臺灣後卻決定實行，是因為若是再不施行土地改革，臺灣的佃農們大概會群起反抗，屆時國民黨的政權也可能會站不住腳。更何況那些隨政府來臺的外省人本來就沒有土地，這項政策對他們來說沒有什麼損害。

再修記得，當時在座談會或其他私底下和蔡志愿的討論裡，很常聊到三七五減租等土地改革的事情。即便覺得這項政策立意良善，但他們仍舊覺得這樣不夠，不只要三七五減租，他們想要的是更進一步的「耕者有其田」。他認為要全面的社會主義，他嚮往的世界就像《禮運》大同篇裡頭提到的那個大同世界般，「老有所終，壯有所用，幼有所長，鰥寡孤獨廢疾者皆有所養」，不會再有地主對佃農的剝削，不會再有餐餐食番薯籤的家庭。

歷史洪流裡的左翼

左翼組織在臺灣歷史上並不是什麼驚天動地的創舉，早在日治時期，簡吉等人組織的鳳山農民組合便是一例。

「共產黨」在臺灣歷史上也並非首見，早在一九二八年上海就成立了日本共產黨臺灣民族支部，又稱為「臺灣共產黨」。受日共領導是因為，一九一九年成立的共產國際（又稱第三國際），曾於一九二七年指示未來的臺共組織由臺灣殖民國負責建立，並以民族支部附屬於日本共產黨。當然值此大正年間，也是日本本土的馬克思主義風靡的時期。而一九二八年臺灣共產黨成立前，正好是中國國內聯俄容共的時期，因此中國共產黨的組織工作也如火如荼進行著。

臺灣共產黨當時便是受到這三支系統的指導與影響。[5]一方面臺共謝雪紅、林木順等受到日本共產黨的指示積極推動組織工作，另一方面，建黨初期活動地點都在上海，因此也受中國共產黨的協助，如當時中國共產黨黨員翁澤生，也同時於臺灣共產黨內擔任要職。不過很快的，一九二五年日本國內制定《治安維持法》、進入大逮捕時代後，日本國內共產勢力遇到艱困的局勢，難以對臺灣共產黨多做協助。國際情勢方面，因在中國的國共合作策略遭遇挫折，第三國際的策略也受阻撓與變動。影響臺灣左翼路線的這三個因素在日治時期便不斷交錯、起伏，時而併行，互有消長。

二戰之後，謝雪紅等人曾積極想振興臺灣共產黨，同時，戰後初期來臺發展地下黨組織工作的中國共產黨系統人馬，如張志忠等人也正潛伏。在臺灣的歷史上，不管是戰前抑或是戰後，左翼路線有其發展脈絡。

一九三〇年代，隨著日本國內掃蕩左翼組織的行動，臺灣當時的左翼組織也幾乎被掃蕩殆盡。《治安維持法》在日本逮捕了三百多名共產黨員，一九三一至一九三四年的「大逮捕」時代，也在臺灣逮捕了許多路線偏左的運動領袖。甚至隨著二戰的發展、戰時體制的建立，日本殖民政府當然也不能容許臺灣境內有任何反抗組織的存在，更遑論被軍國主義、帝國主義正盛的日本政府視為「危險思想」的左翼路線。

隨著二戰結束，先前被日本殖民政府壓制的左翼組織又捲土重來。一方面站在臺灣自治立場的謝雪紅，在二二八事件後籌組武裝部隊，並希望振興臺灣共產黨。另一方面，張志忠、蔡孝乾等人在中國開始與中國共產黨接頭，並回臺灣繼續籌組共產黨，但因國民黨的反共政策，只能祕密進行籌組工作，於是又被稱為「地下黨」。其實一直到一九四七年二二八事件前，全臺灣的地下黨黨員可說是少得可憐，不超過七十名，[6]當時臺灣人仍沉浸在光復的欣喜中，由衷相信重回祖國的懷抱後，國民政府一定會善待臺灣人民。

一九四七年二二八事件剛發生時，臺灣人仍相信體制內的改革是可行的，因此各地的地方菁英紛紛投入事件處理委員會中參與協調，殊不知迎接的卻是三月令人錯愕的軍事鎮壓與清鄉。[7]原先懷抱著祖國憧憬的人們陷入了迷惘，這就是企盼了五十年的祖國嗎？

臺灣島陷入了迷惘與焦慮，除了有一群追求臺灣主體性路線的菁英選擇出走與流亡，尚有另一群雜揉當時人道主義分子、左翼分子、無政府主義分子，並囊括各階級背景的人們——有像再修一樣的佃農子弟、有工廠工作的工人、也有大學生或學校老師等知識分子——他們的想像從原先的「白色祖國」轉而投向「紅色祖國」。

初冬時的誓言

日子一天天地過，距離蔡志愿第一次拿書給再修看，約莫也過了兩個多月。再修有時只在學校跟蔡志愿拿書，自己帶回家研讀，若是這樣的話，就得趕搭早一點的車班回去，五點多便可以回到家裡，稍微再幫忙一下農事，晚餐後便躲到書桌前津津有味地讀。家人們因為普遍學歷都不高，甚至不識字，對再修究竟在讀些什麼書也全然不知情。而有時，再修也會在三點多放學後，和蔡志愿回到他家中，一起討論書中不懂的地方，或是分析當時的國際局勢，再趕緊搭七點的糖鐵末班車回來，回到家時通常都已經九點多了。

當時嘉農的校園占地廣大，有些偏遠的角落平時幾乎不會有人駐足，實習農場便是其中一處。實習農場是農藝科學生每天下午實習種田的所在，幾乎占據學校的大半面積，然而除了下午的實習課外，早上幾乎不會有人來此。再修和蔡志愿下課後便常約在這裡，再修還給蔡志愿前一日借的書，蔡志愿再借給他新的一本。

再修津津有味讀著這些書籍的同時，當時的地下黨組織卻是這樣的：二二八事件後沒有多久，一九四九年五月十九日，時任臺灣省警備總司令的陳誠宣布戒嚴，臺灣進入漫長的戒嚴時期。於是由蔡孝乾為首的共產組織只能轉為地下黨的活動形式，成立臺灣省工作委員會，下轄各地的支部、小組，開始祕密進行串連、吸收與擴張。

因地下黨屬於祕密工作形式，一般來講若要成為黨員，通常都是先有初步接觸，原黨員和欲吸收的新黨員談論一些時事或臺灣問題，以試探對方立場，再進一步帶他參加幾次時事座談會，之後請他交上自傳，此時便成為候補黨員，要再等三個月的觀察期後，經過宣誓才會成為正式黨員。而宣誓時，有時是兩人以上一起宣誓，除了欲吸收的新黨員及原黨員外，有時還有另一位較資深的黨員來「監誓」。如此小心翼翼的程序，就是怕吸收到意志不夠堅定的人，確保組織能繼續以地下黨的形式祕密運作。

然而一九四九年年底，國民政府撤退來臺後，地下黨的人們私底下盛傳著共軍就要打過臺灣海峽解放臺灣了，要大家更加努力吸收黨員，以作為解放時的接應。

這也是為什麼再修可以跳過候補黨員的觀察期，交完自傳後便直接變成正式黨員的原因。

再修記得那時大概是初冬時候吧，天氣開始一天天冷了起來。一次下課，再修照往例到實習農場赴約，但這一天蔡志愿不只提到書的事情，還提到了「組織」。

經過這些時日，以及幾次參與時事座談會的經驗，再修漸漸有個感覺，大概猜到蔡志愿想找自己加入某個組織，組織裡頭的人大概都是跟自己一樣，對改善貧窮的農村有理想，而這一天終於來到。

一如往常一來一往借了書、還了書，蔡志愿問他要不要參加一個組織，叫作「臺灣青年民主自治革命促進會」，但在正式加入之前，要請再修先寫一份「自傳」交給他，內容主要介紹自己的家庭背景、經濟狀況及想加入組織的動機。「臺灣青年民主自治革命促進會」其實只是個名目，事實上就是當時共產黨在臺灣的工作委員會，這點再修心知肚明，加入這組織，其實就是成為共產黨員了。後來判決書[8]資料中，則稱其為共產黨的「外圍組織」。蔡志愿要再修仔細想好再決定，幾天後再給他答覆也無妨，那天兩人便這麼分手。

原來蔡志願老早前就觀察到，再修上農業經濟學時特別認真，感覺對不同的土地制度、對階級不平等這類的事情相當感興趣，才決定借一些左傾書籍給他看，並決定進一步將他吸收進組織。

「我一生信奉社會主義。」這是年老後的再修每次受訪時念念不忘的一句話。成長時期，佃農家庭的出身，踩進泥土裡的每一腳印，都一點一滴地增加著這句話的厚度。每一次想起身為佃農人家的種種，那些日頭的赤焰、皺褶的掌繭、無味的番薯籤，彷彿都是往後牢獄之災的伏筆，卻也更加堅定再修心中那股信仰——他相信，有組織就有力量，我們要壓制地主階級！要革命！總有一天臺灣不會只能被這樣腐敗、有錢人壟斷的政府所統治。也總有一天，人類都會生而平等，再沒有窮酸的艱苦人。

再修還記得，宣誓那天一切從簡。一天放學，一樣相約在僻靜的實習農場，他獨自一人，向吸收他進來的蔡志願宣誓。且為避免成為證據，自傳在蔡志願看完後要立刻撕掉或燒掉。

點燃打火機的那刻，再修舉起了手，實習農場的土地上，腳邊剛種下的番薯葉迎風茁壯。

蔡志愿逃亡了

蔡志愿沒有再來學校。

加入組織後，再修幾乎只有跟蔡志愿一人接觸，因為組織要求不能有「橫的聯繫」，也就是蔡志愿另外再吸收誰進來，再修是不會知道的，連蔡志愿再上層的人也不會知道，這些規定都是為了確保地下組織的運行可以保持祕密。不過因為時事座談會的緣故，再修也大概遇見過幾個年輕人，然而蔡志愿都交代他不要多問細節。

一九五〇年，高三下學期，約莫四月底左右的某一天，蔡志愿和班上另外一位同學賴命郁[9]沒有再來學校，再修當時心裡便稍微有一些底了。賴命郁之前也常出現在蔡志愿帶他去的時事座談會上，和再修相比之下，賴命郁跟蔡志愿更是熟稔。

一九四九年，因國民黨軍隊在國共內戰節節敗退，蔣介石於該年一月宣布暫行引退，由時任副總統的李宗仁擔任代理總統一職。然而，同年十月一日，中華人民共和國建國，在面臨失去「中華民國」法統地位的威脅、恐一併連帶因而「失格」的各民意代表籲請下，引退的蔣介石宣布「復行視事」，並於一九五〇年三月一日正式復行職位。[10]再修有點忘記蔡志愿逃亡究竟確切是哪一日了。但三月一日蔣介石復職的那一天，學校規定學生都要去參加市街裡的遊行，再修記得那天還是和蔡志愿一起去的，所以估計應該是在那之後他才逃亡的。

其實那年的春天不是很好過，四月地下黨的總書記蔡孝乾被捕後交出大半的組織關係，直到如今再修仍對此事隱隱不滿著。但因為組織關係相當隱密，當時再修也不知道蔡孝乾所說的組織，就是在指自己參加的組織，甚至也只有偶爾瞄到報紙上寫什麼「匪諜」而已，是一直到蔡志愿沒有來學校的那天開始，才稍微有些警覺。

再修回想當時的情況，全校大約有七、八位學生逃亡，而蔡志愿逃亡前沒有特別跟再修等人講。後來再修聽說，是四月二十六日那一天，蔡志愿看到總司令部的人開著吉普車到學校，逮捕學校一位職員鍾玉麟[11]後，還說要尋找可疑學生。當天雖然沒有發生什麼事，但蔡志愿偷瞄到名單，赫然發現上頭有一位正是自己介紹看書、進而宣誓參加組織的森林科同學余健敏。[12]驚怕之餘，隔沒幾天，蔡志愿、余健敏及賴命郁三人便逃亡了。

因為蔡志愿也沒特別交代再修要跑，再修心想可能是因為自己只是參加組織而已，沒什麼實際作為。更何況自己不過是個小組員，應該沒什麼事，便照常上學、幫忙家中農事，日子依舊一天天過下去。

一九五〇年六月二十五日，就在再修高中畢業前幾天，韓戰爆發，美國第七艦隊協防臺灣海峽，再修心中開始苦悶起來，看來共產黨要越過臺灣海峽解放臺灣是不太有可能達成了。畢竟在韓戰爆發之前，地下黨的人們是真的以為國民黨就要倒了、臺灣就要被解放了。所以後來人們才流傳著「韓戰救了國民黨」這一說法，但在他心中，美國不過就是個帝國惡霸，因為自己的利益而來參戰，不在乎臺灣的農工階級在什麼樣的水深火熱中生活，甚至在後來整整幾十年的冷戰期間，美國也扮演肅殺左翼共黨的角色。

鳳凰花開，再修心情卻滿是苦悶，當時他還不知道的是，一九五〇年代白色恐怖「大逮捕」的時代即將來臨。陳映真曾形容戰後臺灣思想的不平衡為「消失的左眼」，他說「五〇年代的白色恐怖，使得臺灣從此沒有左派的社會科學、文藝理論與世界觀，就像缺了一隻左眼」。[13] 再修更不知道的是，自己將親歷，曾經在戰後再度曇花一現的左翼路線將又再次被整肅，一如花開又花謝。

命運的轉折

七月溽暑，再修自嘉農畢業了。但畢業後緊接著便是找工作的壓力。當時後潭這村莊，開店的人沒有多少，大部分的人仍是務農為主。同村莊的小學同學們，因為只有小學學歷，多半直接在家裡幫忙農事，但再修深知家裡之所以送他出來讀書，便是希望可以脫離這餐餐番薯籤的日子，脫離佃農人家流汗、出力、拿鋤頭、除草的命運。

物價仍不斷地上漲，即便實行三七五減租了，但仍沒有自己的田地，加上當時化學肥料剛出來，算一算，田租、化肥、種子、人工等成本，每年收成後所剩無幾，家中經濟狀況仍是沒有起色。再修也不是個投機的人，因此比起一些同學畢業後紛紛北上找工作機會，再修倒比較傾向留在家鄉找個穩定的工作，讓漸漸上了年紀的父母得以有好日子過。想來想去，大概也只有考公家機關這一途，幸好嘉農畢業的學生考上公職的機率算是高的，差別只在於考上的機關是哪裡而已。

高中畢業前的寒暑假，有些同學就會先去糖廠或菸酒公賣局實習，但再修因為放假必須幫忙家裡的農事，便沒有這個機會，對這些工作比較不熟悉。幾經打聽之下，再修才和同學一起報名了就業考試，其中一項是全臺灣糖廠的聯合考試，糖廠因為待遇較好，錄取率較低，再修沒有考上。退而求其次，再修便去參加另一項就業考試，順利考上較容易錄取的鄉鎮地方公所，參加完一個月的就業訓練後，於九月十日正式到嘉義縣水上鄉公所就職。

那時，再修被分配到民政課，剛進去時仍是試用期，月薪不過才八十塊，但因為是試用期的實習生，做的事情也比較少，大抵是幫忙民眾寫寫公文而已。

剛開始上班沒多久，因為蔡志愿逃亡已久，聽說上級交代蔡志愿把他組織的人，先暫時交付給嘉工補校（夜間部）一位叫作金木山[14]的人。再修原先跟金木山這人並不認識，只聽說金木山晚上在嘉工讀書，白天則在嘉義溶劑廠（日治時代的化學廠）工作，住在溶劑廠的員工宿舍。再修確實畢業後就比較少參與座談會了，一方面因為開始工作後鮮少時間來往嘉義市，較少和金木山有接觸。另一方面也聽說，上頭的人交代，自從一九五〇年初臺北開始大規模抓人後，一九五〇年底已經掃到南部來了，為了組織安全考量，要大家暫時先不要輕舉妄動。

公所的試用期總共是四個月，順利的話，一九五一年的一月十日，是再修順利成為正式職員的日子。然而試用期都還沒結束，那年的一月五日，一大早，再修一如往常搭二十分鐘的客運抵達公所。警察局的吉普車停在較遠的外頭，再修沒有什麼警覺便走進辦公室。早上約八點十五分，其他職員們都才剛上班沒多久，便有三個警察不尋常地出現在公所，目測一位是臺灣本省人，另兩位是外省人警察的樣子，當時公所只有一個正門，再修知道要逃也來不及逃了。

其中一位先開口報上再修的名字，再修回答，「我是。」他們說，「有一些事情要請你過去一下。」便二話不說把他架走，帶上停在附近水上派出所前的紅色吉普車，沿著火車鐵路沿線，越過田野，一路奔馳至嘉義縣警察局市區分局。

重回夜幕臺北

水上鄉距離嘉義市最近，因此再修最先到達嘉義縣警察局市區分局，即今天位於忠孝路及中山路口附近的警察總局。之後，在北港糖廠工作的蘇明哲[15]、西螺鎮公所工作的江槐村（邨）[16]才陸續抵達，這兩位都是再修之前嘉農的同班同學，當時也常一起參與時事座談會。

江槐村出生於雲林縣西螺鎮，父親為學校教員，因西螺到嘉義交通不便，因此他讀嘉農時是在嘉義市租屋。相較於蘇明哲，因為江槐村的個頭較高，高中時座位都在後排，因此與再修相對沒那麼熟稔。反倒是蘇明哲，與再修最為要好，出生於北港鎮中心西南角的小村落扶朝里，父母的工作也是務農，但不一樣的是他們是有自己田地的自耕農。因為每天往返北港到嘉義的距離相當遠，高一時蘇明哲曾經在嘉義市租屋過一陣子，後來因為開銷太大而又以通勤上下學。再修記得，因為蘇明哲和自己身高差不多，每學期座位都被分配到前排，於是漸漸親近起來。年輕時這段相同的遭遇，多年後再修仍是念念不忘這段友誼，出獄後若一有機會，即便要踩一個多小時的腳踏車也不嫌累，仍常常去雲林找蘇明哲。

嘉農的幾位同學們早上就都陸續進來拘留所，下午的時候，開始進來一些聽說是以前嘉工畢業的人，再修只覺得有些人有點眼熟，似乎在時事座談會遇上過，不過不認識就對了。後來才知道這些人是被列入同案的嘉工畢業生馬再騰[17]、郭聰輝[18]等人，另外當時已到臺北就讀臺大化工系的陳榮華，[19]則是直接在臺北被捕。

一間拘留所的空間約莫是一張雙人床的一點五倍大，也就是一點五坪左右，裡頭一口氣關了好多人。在警察局的拘留所待了三天，一直輪流接受訊問，但在拘留所時是以訊問金木山的口供為主，並未問其他人太多問題。因為沒有嚴格地分房監禁，都是關在一起，大家可以偷偷交換點資訊，試圖拼湊出案件的全貌。他們猜測大概是前一天金木山先被抓，在嚴刑逼供下，才供出下面的這些人。他們一同沙盤推演著被逼供的順序，猜測可能先供出誰再說出誰。甚至在再修自己還沒被叫去訊問前，已經被訊問完的金木山還悄悄跟再修說，他都已經供出來了，就都按照金木山已經講出來的那套講法就好，免得多引起什麼爭端。

輪到再修被問話時，是一位身著軍服的外省人負責訊問，大抵問一些如何參加共產黨、何時參加、還認識什麼人之類的問題，再修只要回答慢一點，那位外省人就會大力拍桌，害再修整個人都緊張起來。總共被問了十五分鐘左右，當天訊問完，再修依照那位外省人的指令寫下自白書。

第三天一早，約清晨四、五點，大夥兒就被叫醒。那時沒有上手銬，只是用繩子綁一綁，十一個人便這樣被送到嘉義火車站，再坐火車前往臺北。一路上，在車廂裡，被憲兵拿槍押著，再修他們絲毫不敢亂動，其他乘客就在旁邊的座位坐著，大眼都不敢亂看一眼。

當時從嘉義到臺北，若搭乘普通號的火車，一坐就要好幾個小時，抵達臺北火車站時，早已天黑。再修記得當時還沒感覺到有什麼嚴重性，畢竟以日治時期的經驗來看，那些被認為具有反日思想的思想犯，頂多關個一個多月而已。甚至在火車上金木山還跟他說，這個應該沒什麼事情，被叫去臺北問一問，很快又可以回來工作。事後再修想，金木山當時應該是如此被特務矇騙，才會講出那麼多下面的人。後來再修才意識到，他們都是用日本時期的經驗在思考這件事，卻沒有發現自己對於這全新的政權——國民黨政府，其實是如此陌生。

入夜的臺北車站，跟一年多前畢業旅行的印象差不了多少。還記得當時，抱持著社會主義理想的慘綠少年，睜著好奇的雙眼走在臺北街頭，如今，卻被粗糙的麻繩綁起雙手，即便尚未感受到事態的嚴重，仍舊對未來充滿不確定，在這陌生的城市，接下來會被帶去哪裡？又會面對什麼樣的事情？

再次來到都城，臺北的天空，已布滿黑幕。

曲折的案情[20]

多年後，再修才娓娓道來案情的經過，有些是當時知情，但在訊問時模糊帶過的事情，有些則是在獄中或出獄後，和老同學拼拼湊湊出來的資訊，也有些是近年國家檔案解密後，後人翻看當時的自白書、判決書、訊問筆錄證實的，甚至有的則是解嚴多年後，大家相約聚會時，才再一點一滴推敲出來的。

同學蔡志愿在嘉義市借住親戚位於南門附近的家，這位親戚就是張棟材，他於一九四五年畢業於嘉義市商業學校，畢業後卻因當時物價飛漲、通貨膨脹，以及二戰的時局變化而失業在家，對未來甚感苦悶。

張棟材為家中唯一男丁，下面尚有三位仍在學中的妹妹。家裡是開建築材料行的，也賣些木炭、山產等，但因父親長年好賭，對家中事務漠不關心也不負責任，常令張棟材倍感絕望。[21]

一九四八年，二二八事件發生，臺灣人死傷無數，著實令張棟材感到震驚。當時因為賦閒在家，開始會去買尚未被列為禁書的雜誌《觀察》來看。雜誌裡許多文章大肆抨擊政府的無能及國民黨軍隊的貪汙腐敗，張棟材也漸漸瞭解共產主義的理念，對當時的共產黨不禁心生嚮往。

《觀察》雜誌於一九四六年九月創刊於上海，創刊人為儲安平，[22]為一九四〇年代國共內戰期間影響中國自由主義思想的重要刊物之一，也連帶影響了戰後初期亟欲瞭解「自由民主的祖國」的臺灣知識分子及學生。該雜誌集合百餘位學者的論政，撰稿人包含胡適、傅斯年、梁實秋、朱自清、錢鍾書等人，儲安平把其打造成為國共內戰時期知識分子最主要的輿論陣地，卻因其中內容多次批評國民黨施政，於一九四八年十二月在臺灣被國民黨查禁。

一九四八年秋天，張棟材開始在嘉義市省立工業補習學校（嘉工夜間部）上課，也開始和同學王湲昌（景）[23]、黃立誠[24]一起談論生活問題、國際情勢等。三人斷斷續續讀了些書，約在那年年底，[25]王湲昌介紹張棟材認識一位年約四十幾歲叫「老林」的中年人，這位「老林」其實就是負責整個南部地下黨工作的領導人李媽兜。[26]

李媽兜為當時地下黨的臺南市工委會書記，負責整個南部的地下黨組織工作，從斗六至潮州，一共建立數十個支部，三個直屬小組。出生貧困的鄉下，十三歲才得以就學，十八歲小學畢業後曾經擔任過幾次穩定公職，卻往往因看不慣當時殖民政權或日本人蔑視臺灣人，而入獄或丟了飯碗，後曾於中日抗戰期間短暫赴廣東參與抗日。戰後，一九四六年六月左右，李媽兜透過一位義勇隊員介紹，認識地下黨省工委會的組織部長張志忠，並在張志忠的介紹下加入地下黨。

後張志忠又介紹李媽兜跟省工委書記蔡孝乾認識。一九四六年十月，李媽兜與陳福星、陳文山成立「臺南市工作委員會」，上由蔡孝乾領導，下與張志忠聯絡。

李媽兜時以不同化名出現於各支部的聚會、讀書會、時事座談會等場合，許多人對他的印象是頭戴斗笠、騎著一輛腳踏車到處行走南臺灣。李媽兜出身貧困，特別強調必須試著瞭解工人農民等窮困人家，才得以拉攏、說服這些階級的人的認同。

一九五〇年四月，蔡孝乾落網，李媽兜的組織工作也全部中斷，與當時的同居人陳淑端[27]一同展開近兩年的逃亡生涯。兩人於一九五二年二月，欲從曾文溪口偷渡至香港的海上被捕。偵訊期間，陳淑端已懷有身孕，但兩人依舊於隔年於同日遭槍決。

時序拉回一九四九年張棟材的時事座談會，在王湶昌介紹張棟材認識「老林」之後，「老林」偶爾會出現在時事座談會，「老林」對參與時事座談會的張棟材、王湶昌、周永富[28]等人提議要有一個「組織」，說「有組織才會有力量」，「臺灣青年民主自治革命促進會」於焉成立，此組織便是特務機關後來所認定的共產黨外圍組織。然而再修事後回憶，其實參加組織的要不是已經是正式黨員，不然就是已經交了自傳、在等待觀察期的候補黨員。在張棟材寫給父母的遺書裡也提到，[29]自己是在一九四九年五月開始參與革命，「參加革命先鋒隊，從事臺灣人民的解放運動。」

再修在一九四九年下半年加入組織，因為地下黨的保密原則，再修和蔡志愿上頭的張棟材僅止於認識而已，並沒有很熟。據張棟材的自白書，再修加入之前，固定參與的人已有嘉農的同班同學賴命郁、黃萬斛[30]、蘇明哲，以及和再修差不多時間加入的江槐村，另外還有嘉工的黃至超[31]、蘇欉岑[32]、馬再騰、陳榮華等人。

當時嘉義支部的組織由李媽兜主要負責，再分成負責學運的張棟材、負責工運的王澋昌、負責農運的周永富。其中，工運的王澋昌主要組織對象在阿里山林場；農運的周永富主要組織對象在嘉義地區偏淺山、丘陵的番路一帶；學運的張棟材下轄幾個支部祕書，如負責吸收嘉農學生的蔡志愿、負責吸收嘉工學生的蘇欐岑等。嘉工的蘇欐岑下有其他同案的陳榮華、馬再騰、黃至超等人，嘉農的蔡志愿底下則又再分成幾個小組，包含了同學再修、蘇明哲、江槐村、賴命郁、黃萬斛、林啟文[33]和余健敏。

蔡志愿、張棟材等人逃亡後，「老林」指示將其他人交予金木山聯繫，後來特務運用嘉工的學生、一位曾當過軍人叫蔡伯玉[34]的內線，此案才被破獲。

囹圄與歌聲

綁在手上的麻繩未解，一下火車，再修一行人立刻被送往位於西門町附近的「臺灣省保安司令部保安處」，[35]也就是今天的獅子林大廈，日治時期的東本願寺。

再修記得，那是個祕密的特務機關，所以家人們都不知道他的下落。因為要避免串供，同案人分房監禁。在這裡，再修一次都沒有被叫出去訊問過，也沒有被刑求過，再修事後的解讀是自己的案件比較單純，該講的都講了，所以沒有被刑求到，但聽說其他人被刑求，甚至聽說有些人被刑求到連走路都不能走。

在保安處的三餐吃得極為簡單，餐餐只能吃粥，拌上一人不到三粒的花生。每一間大概才五、六坪大的牢籠，陰暗的囚禁空間裡，時間感開始變得模糊不清，只能由送餐的時間來推測可能的時間流逝。當時，再修他們仍舊相信沒多久便可以回家，然而日子一天一天過去，約莫過了半個月或一個月，再修他們又被移送保安司令部軍法處，[36]也就是當時的青島東路三號，今天的喜來登大飯店附近。

軍法處就像一大倉庫，一間大倉庫再隔成三十間左右的小隔間，每間小隔間大約關三十幾人左右，十分擁擠，都是輪班睡覺。也因潮溼悶熱，沒有睡覺的那一班就幫睡覺的那一班搧風，用一塊布擺過來、擺過去，如此搧風。地板是木板，睡的床則是另外架高、需要爬上去的木板。不同隔間其實也沒有真的牆壁，直的方向是用木材欄杆做成的，橫的再用鐵條穿過，因此即使和同案的人沒有關同房，卻可以請別人用傳話的方式，瞭解一下其他人的情況。

起初再修是被分配到第一房，十九歲的他，在其他獄友之中算是年紀輕的。再修當時較有印象的同房，除了一位叫蘇藝林[37]的中校外，還有一位因牽連進臺南工學院的案件而進來、叫張皆得[38]的臺南油漆工。再修記得當時同房有一些牽涉臺南案件的人，聽說自己的案件會槍殺掉很多人，他們便計劃要逃出去。

一天早上，其中一人把一位看守打昏、把鑰匙搶過來後，打開房門，其他人有的跑出去了，卻在門口又被抓回來。再修當時其實也知道他們在計劃什麼，卻沒有跟著跑出去，有一些臺南案的人也沒有跑出去，像張皆得、鄭海樹[39]等。被抓回來的那些人之後被刑求得很慘，再修那一陣子每晚都可以聽見他們的慘叫聲，後來有的被槍決、有的被加重刑期。再修印象中有一個叫施志聰[40]的嘉義人，也是臺南工學院的案件，因為那次的逃獄事件，刑期硬生生被加上了五年。

逃獄事件過後，再修由第一房改到較為寬敞的第十四房，便沒有了他們的消息，後來才聽說，蘇藝林沒多久後在那年的六月底被槍決，張皆得則是被判刑十二年，施志聰原本十年的刑期變成十五年。當時刑期幾乎都是從十年起跳，也因此大家都耳語，不管被判刑多久，能留著性命就好、只要能回來就好。是在那時候，再修才開始有自覺，擔心大事不妙了。

在軍法處時已經不像在保安處什麼都要保密了，雖然不能接見，卻可以寫信給家人，再修便趕緊寫信回家說短時間內可能回不去。而父親有信曾經特地千里迢迢北上來找過他一次，但因規定不能見面，吃了個閉門羹，再修只拿到獄卒代為轉交的一些衣服及食物。

軍法處實際上是白色恐怖案件的判決機關，然而再修在軍法處待了五個月左右，僅僅被叫出去簡單問幾句話兩次。沒有判決書、沒有宣判、更不知道自己確切被判了多久，當時心情茫然無助，也不知道該如何面對這一切。

再修記得，在軍法處時，每一天清晨，天還未亮，便會有人醒來，開始整裝、打理自己。每當聽見獄卒由遠而近的腳步聲、打開層層鐵門的金屬碰擊聲，等待獄卒唸出名字前的那瞬間，連屏息的聲音都清晰可聞。

獄卒唸出名字之後，整棟牢房一陣窸窣，歌聲便會緩緩響起，響徹整條走廊、一間間狹小陰暗的空間。再修記得，當時他們最常唱的歌有《安息歌》，用歌聲送同樣抱著革命理想的同志最後一程，從欄杆到最細小的角落，都迴盪著獄中其他同志們的歌聲。

再修親耳聽到幾個有著堅定共產信仰的同志，穿好衫褲後，大喊著口號，昂首闊步，從容就義。

「毛澤東萬歲！」

「中國共產黨萬歲！」

一次又一次，不絕於耳。

仍桎梏在囹圄中的人們，用不疾也不徐的歌聲，替先走一步的同志們送行。

1 四秀仔（sì-siù-á），零食、零嘴之意。

2 蔡志愿，男，一九四一年十二月十四日生，雲林縣人。被捕時二十三歲，後判死刑，褫奪公權終身，全部財產除酌留其家屬必需生活費外沒收。臺灣轉型正義資料庫，〈蔡志愿〉，https://twtjcdb.nhrm.gov.tw/Search/Detail/20636。

3 藍博洲，《高雄二二八暨五〇年代白色恐怖民眾史》（高雄：春暉，一九九七）。

4 張棟材，男，一九二八年十月四日生，嘉義縣人，被捕時二十六歲，判處死刑，褫奪公權終身，全部財產除酌留其家屬必需生活費用外沒收。臺灣轉型正義資料庫，〈張棟材〉，https://twtjcdb.nhrm.gov.tw/Search/Detail/19491。

5 盧修一，《日據時代臺灣共產黨史，1928-1932》（臺北：前衛，一九九二），頁一四七至一六九。

6 蔡石山，《臺灣農民運動與土地改革，1924-1951》（臺北：聯經，二〇一七），頁二八八。

7 周婉窈，《臺灣歷史圖說（增訂本）》（臺北：聯經，二〇〇九），頁二五二。

8 參考國家發展委員會檔案管理局，〈蔡再修判決書〉，《張棟材等叛亂案》，檔號：A305440000C/0043/276.11/30。

9 當時與再修為同班同學，雖然當初與蔡志愿一同逃亡，但後來自首便未留下判決書等檔案資料。

10 〈【那一年的這一天】1950.3.1 蔣中正復行視事　製造「兩個中國」〉，《民報》，二〇一七年三月一日，https://www.peoplemedia.tw/news/5b1e2933-1af3-4585-ab93-a4204a97d33c#google_vignette。

11 這是蔡志願被捕後的自白書裡提及，但檔案局資料裡找不到此人相關的判決資料。參考國家發展委員會檔案管理局，〈蔡志愿自白書〉，《蔡志愿等叛亂案》，檔號：A305440000C/0042/276.11/124。

12 當時與再修為同班同學，雖然當初與蔡志愿一同逃亡，但後來自首便未留下判決書等檔案資料。

13 藍博洲，〈從影像反思白色恐怖的記憶政治〉，《臺灣社會研究季刊》第六一期（二〇〇六年三月），頁二五五。

14 金木山，男，一九三〇年二月五日生，嘉義縣人，被捕時年二十二歲，為中國石油公司嘉義溶劑廠工人，後被判死刑，褫奪公權終身，其全部財產除酌留其家屬必須生活費用外沒收。臺灣轉型正義資料庫，〈金木山〉，https://twtjcdb.nhrm.gov.tw/Search/Detail/13606。

15 蘇明哲，男，一九三一年九月二十一日生，雲林縣人，被捕時二十歲，為北港糖業公司實習生，後被依參加叛亂組織罪，判刑十年，褫奪公權七年。臺灣轉型正義資料庫，〈蘇明哲〉，https://twtjcdb.tjc.gov.tw/Search/Detail/13602。

16 江槐村（邨），男，一九三二年三月八日生，雲林縣人，被捕時十九歲，為西螺鎮公所經濟股員，判刑十三年，褫奪公權八年。臺灣轉型正義資料庫，〈江槐村〉，https://twtjcdb.nhrm.gov.tw/Search/Detail/13600。

17 馬再騰，男，一九三〇年二月三日生，嘉義縣人，被捕時二十一歲，為菸酒公賣局第六酒廠試用辦事員。後被依參加叛亂組織罪，判刑十年，褫奪公權七年。臺灣轉型正義資料庫，〈馬再騰〉，https://twtjcdb.nhrm.gov.tw/Search/Detail/13609。

18 郭聰輝，男，一九三一年十月十六日生，嘉義市人，被捕時二十二歲，為嘉義省立工校三年級學生，後被依參加叛亂組織罪，判刑十年，褫奪公權七年。然於一九五二年底在安坑軍人監獄時，因牽連進臺灣軍人監獄在監馬時彥叛亂案，被判處死刑。臺灣轉型正義資料庫，〈郭聰輝〉，https://twtjcdb.nhrm.gov.tw/Search/Detail/13605，以及https://twtjcdb.nhrm.gov.tw/Search/Detail/14830。

19 陳榮華，男，一九三一年十一月二十三生，嘉義市人，被捕時十九歲，為臺灣大學化工系一年級學生，後被依參加叛亂組織罪，判刑十年，褫奪公權七年。臺灣轉型正義資料庫，〈陳榮華〉，https://twtjcdb.nhrm.gov.tw/Search/Detail/13607。

20 此處案情部分感謝林傳凱於二〇一九至二〇二〇年間多次提供相關檔案資料及協助。

21 參考國家發展委員會檔案管理局，〈張棟材自白書〉，《張棟材等叛亂案》，檔號：A305440000C/0043/276.11/30/0001。

22 韓戎，《儲安平傳》（香港：牛津大學，二〇一五）。

23 王湶昌（景），原職業為阿里山林場會計員，受周永富介紹認識李媽兜，進而加入共產黨，擔任阿里山林場支部書記，後於一九五〇年五月逃亡，一九五一年十月自首，時年二十六歲。臺灣轉型正義資料庫，〈王林淑娜　一〉，https://twtjcdb.nhrm.gov.tw/Search/Detail/21556；李敖，〈王湶景等叛亂自首案〉，《安全機密文件（上）》（臺北：李敖出版社，一九九一），頁一二三至一二四。

24 參考國家發展委員會檔案局張棟材自白書及訊問筆錄，其中組織系統表裡提到同學黃立誠為馬克思主義研究會的成員。參考李敖，〈王湶景等叛亂自首案〉，《安全機密文件（上）》，頁一二三至一二四。

25 這邊的時間都是以張棟材的自白書為主，但再修提過，他們當初在寫自白書的時候，除了不要亂寫到其他人之外，都會傾向把時間講晚一點，像再修的入黨時間，各判決書和自白書都寫一九四九年底，但他自己的印象沒有那麼晚，應該是在秋天，故前文提及時是寫大約在秋末冬初之時。入黨時間都講晚一點，是為了顯示自己的情節並沒有那麼重大，他們當時推測，比起入黨已經一年的人，才入黨三個月的人會判比較輕。

26 李媽兜，一九〇〇年生，臺南縣大內人，為臺南市工委會書記，負責南臺灣組織工作，一九五二年被捕，判死刑，與其愛人陳淑端同日槍決。參考臺灣民間真相與和解促進會，〈李媽兜啟示錄〉，https://taiwantrc.org/%E6%9D%8E%E5%AA%BD%E5%85%9C%E5%95%9F%E7%A4%BA%E9%8C%84。

27 陳淑端，臺南縣善化人，與李媽兜年齡相差二十七歲，長榮女子中學畢業，家庭務農。於一九四九年初經由陳福星之妻黃金鸞介紹，認識當時化名「林飛鴻」、自稱是生奶肉醬生意商人的李媽兜。後與李媽兜一同逃亡，於一九五二年被捕，一九五三年槍決，槍決時有孕在身。參考鄭光倫，〈李媽兜的革命人生，第三章：衝不破的天羅地網〉，《公共電視》模擬憲法法庭，https://www.pts.org.tw/news1/

D2-3.html。

28 周永富，一九二六年生，嘉義縣番路鄉人。據臺灣省保安司令部判決書記載，周永富於一九四九年十二月參加「叛亂」組織，從事發展農民工作，曾介紹張棟材、王滂昌加入組織，並以房屋供黃石岩、黃弘毅等共謀居住。臺灣轉型正義資料庫，〈周永富　一〉，https://twtjcdb.nhrm.gov.tw/Search/Detail/16288。

29 吳俊宏，〈吳俊宏觀點：他們的的確確是人民英雄永垂不朽！〉，《風傳媒》，二〇一八年一月十三日，https://www.storm.mg/article/384606?page=2。文中引用張棟材遺書內容：「父母親鈞鑒：兒一九四九年五月參加革命先鋒隊後，從事臺灣人民的解放運動，奔走革命，流離外鄉，在此臨別之時，思及雙親，兒不能盡反哺之義，自慚悲憤，斷腸如割肺腑。兒之宿願在人民解放也，惜乎中途挫敗，竟不能眼見祖國之長成與繁榮矣，然人類之前途已充滿輝煌之光明，懇請父母親切勿悲痛……。」

30 當時與再修為同班同學，雖然當初曾短暫逃亡，但後來自首便未留下判決書等檔案資料。

31 黃至超，男，一九二九年十二月二日生，嘉義縣人。一九四九年三月，因涉「臺灣省工作委員會嘉義支部組織案」，於一九五〇年被捕，被捕時二十二歲，判處無期徒刑，一九七五年出獄。臺灣轉型正義資料庫，〈黃至超〉，https://twtjcdb.nhrm.gov.tw/Search/Detail/22542。

32 蘇欐岑，男，一九三二年生，嘉義縣人，被捕時十九歲，為新南區臺南電力公司電務組實習生，後於一九五一年五月十二日槍決。臺灣轉型正義資料庫，〈蘇欐岑〉，https://twtjcdb.nhrm.gov.tw/Search/Detail/13603。

33 林啟文，男，一九三一年七月二十日生，嘉義縣人，被捕時二十三歲，從事養鴨。經余健敏介紹，參加「臺灣青年民主自治革命促進會」，後被依參加叛亂組織罪，判刑十二年，褫奪公權五年。臺灣轉型正義資料庫，〈林啟文〉，https://twtjcdb.nhrm.gov.tw/Search/Detail/20619。

34 李敖，〈王滂景等叛亂自首案〉，《安全機密文件（下）》，頁一六二至一七一。

35 保安司令部保安處看守所，設立時間約在戰後，位於舊東本願寺，今臺北市西寧南路三十六號。於一九五八年合併整編為警備總部司令部，為一九五〇至一九六〇年代白色恐怖時期關押與審訊政治犯的重要場所。特務稱其為「大廟」，臺灣人則稱為「閻羅殿」。在一九五〇年代初，常祕密處決人犯，因此被喻為「修羅煉獄」。東本願寺看守所為地下一層、地上三層的木柵牢房，一樓有四排牢房，左右各兩排，約有四間偵訊室和二十間牢房。每間牢房約三坪大，每間需容納二十人，必須站著睡覺。參考不義遺址資料庫，〈保安司令部保安處看守所（東本願寺）〉，https://hsi.nhrm.gov.tw/nhrm/zh-tw/11/755564。

36 軍法處看守所，於一九四九至一九九二年設立，原隸屬於臺灣保安司令部，一九五八年整編改組為臺灣警備總司令部。一九四九至一九六七年設於今臺北市青島東路三號，範圍約在今喜來登大飯店周遭，於一九六八年遷至新店秀朗橋旁軍法學校之舊址（另稱警總景美看守所，現為國家人權博物館），解嚴後於一九九二年七月隨警備總司令部裁撤。參考不義遺址資料庫，〈原臺灣省保安司令部軍法處看守所／原國防部臺北軍人監獄／原國防部軍法局看守所（青島東路）〉，https://hsi.nhrm.gov.tw/nhrm/zh-tw/newwhite/755575。

37 蘇藝林案發生於一九五〇年間，國防部中校參謀蘇藝林及洪維健父母親洪世鼎、朱瑜等共一〇五人涉案，其中三十人被判處死刑，七十五人被判十至十五年有期徒刑。蘇藝林則於一九五一年六月二十八日判決確定，六月二十九日槍決。參考陳映瑜，〈臺灣最小政治犯洪維健離世　監委：繼續調查蘇藝林案〉，《Newtalk新聞》，二〇一八年四月三日，https://newtalk.tw/news/view/2018-04-03/119716。

38 張皆得，男，一九二九年六月二十日生，臺南市人，被捕時二十三歲，職業為油漆工。據《安全局機密文件：歷年辦理匪案彙編第二輯》裡摘自國家檔案局判決書：「該案被告鄭海樹、何川、何秀吉於三十六年五月及十二月分別密設匪臺南市工作委員會，分任書記、組織、宣傳等偽職，吸收邱焜棋等設立臺南工學院附屬工業學校臺南省立工業學校等支部，及吸收個別叛徒呂水閣、蘇仁義、鍾紹雄、張大邦、張皆得、陳溪等刺探軍情，保護在臺機關工廠，便匪來臺接收，散發匪幫宣傳書刊及被告何秀吉倡宣導。」後被判刑十二年，褫奪公權四年。臺灣轉型正義資料庫，〈張皆得　一〉，https://twtjcdb.nhrm.gov.tw/Search/Detail/13578。

39 鄭海樹，男，一九二二年生，臺南市人，被捕時三十歲，為教師，捲入臺南工委會案，後被判處死刑，褫奪公權終身，全部財產除酌留其家屬必需生活費用外沒收。臺灣轉型正義資料庫，〈鄭海樹〉，https://twtjcdb.nhrm.gov.tw/Search/Detail/13938。

40 施志聰，男，一九二八年五月二十四日生，嘉義縣人，被捕時二十三歲，臺南工學院學生，判刑十五年，褫奪公權五年。臺灣轉型正義資料庫，〈施志聰〉，https://twtjcdb.nhrm.gov.tw/Search/Detail/13579。

第四章——漫漫十年的桎梏歲月

沒有判決書的「判決」之後

在軍法處熬了五個多月後，其實判決已定讞，只是再修要遲至到綠島時才知道自己的確切刑期。七月上旬，再修又被送往當時在軍法處隔壁的國防部軍人監獄，[1]差不多是今天喜來登飯店的位置，正對當時的中正路（今忠孝西路）。軍人監獄的空間不同於看起來像臨時搭蓋的保安處及軍法處，而是真的像監獄一樣，有水泥牆壁、鐵製欄杆。再修記得自己當時是被關在二樓，因為軍事犯跟政治犯是分開監禁，他因此可以偶爾跟其他政治犯聊一些學問的問題。

偶爾的放封時間，若能遇到同案的人，都會好好把握，使幾個眼色、比幾個暗號，用這種方式交換一些案情的資訊，彼此心知肚明就好。再修記得，一隻手比二、一隻手比一，就是「二條一」，也就是違反《懲治叛亂條例》第二條第一項：「犯刑法第一百條第一項、第一百零一條第一項、第一百零三條第一項、第一百零四條第一項之罪者，處死刑。」而當時絕大多數的政治犯被指控的罪名多是違反刑法第一百條第一項，即「意圖破壞國體、竊據國土，或以非法之方法變更國憲、顛覆政府」。透過這種「暗號」，再修才知道同案的金木山、蘇欐岑已在那年五月左右，在專門槍決政治犯的臺北新店溪畔馬場町刑場被槍決了。

在國防部軍人監獄大約兩個半月期間，可以寫信，也可以接見家人。再修便寫了封信回家告知這件事，一個多月後，父母遠從鄉下北上來看他。

知悉了家裡這半年來的近況，家中事務多由剩下的男丁弟弟一人處理，而經濟也未有好轉。當時只知道短時間內回不去，但究竟確切的刑期是多長仍混沌未明，只能請父母多加保重。即便事已多年，再修依然覺得對父母相當愧疚。

聽說同案中刑期較輕、只判感訓的人，送到內湖新生訓導處後，又調去綠島，因此他便跟父母說，也許不久的將來，自己也會被送往綠島，屆時路途太遙遠，就不用特地來接見了。

綠島是什麼地方？當時的再修一點概念也沒有，只能勉強猜測是個小離島。然而，對從小到大都生長在寬闊的嘉南平原的再修來說，離島是什麼？每天將面對那麼一大片的海洋，又將會是什麼樣子？

未知的火燒島

日頭正炎，再修趁午休時偷偷溜了出來，走過岩石區，這裡的海邊都沒什麼沙，只有大大小小的石頭。綠島之所以又名「火燒島」，便是因為天氣長年赤熱的緣故，有時真的熱得受不了了，有些新生們便會偷偷溜出來游泳消暑一下。

今天恰巧沒有其他人，只有再修一人。把身上那汗酸味的薄白衫和褲子脫下，只剩一件內褲，便毫不猶豫地往海的方向跑去，讓自己整個人浸在海水裡。海水的浮力較大，因此比較好游，自己甚至還有一次從新生訓導處的門口，一路游到快接近燕子洞那裡。

雖然海水比淡水好游，但真的比淡水鹹上許多，也因為沒有什麼人為汙染，水質相當清澈，有時可以看到一些魚或水草等水生生物，對家鄉在農村、沒什麼機會去海邊的再修來說，水中的每一幕都是驚奇。

再修大口吸一口空氣，伏進冷鹹的海水裡頭，睜大眼睛，不顧鹽分之刺痛。

一九五一年九月中旬，在軍人監獄待了大約兩個半月後，再修移監到綠島的監獄，即「新生訓導處」。[2] 新生訓導處裡的白色恐怖思想犯，被稱為「新生」，而出獄後有時大家也會以「老同學」來彼此稱呼。

其實在那年的五月十七日，已有第一批近千位的政治犯，先行被移監到綠島新生訓導處，開始長期勞動、思想改造的集中營生活。初期因綠島建設與物資匱乏，因此該時期的監獄較近似「集中營」形式，犯人須上山砍柴、從事農耕及食品加工，以達自給自足，甚至到海邊打咾咕石，自己建造禁錮自己的牢房與營舍。

九月到達的第二批政治犯，再修印象中，大概只有六、七十人至一百多人左右。和第一批政治犯一樣，一早便被點名集中起來，從軍人監獄坐火車到基隆港，再坐船到綠島。

不曉得確切是搭乘什麼船，再修只記得那是一艘像貨輪的大船，自己被分配待在最底層的船艙。臺灣東北角的海浪很大，大家都暈船、吐得一團糟。更糟的是，從基隆港剛出發沒多久，又遇上颱風，便就近駛到花蓮港休息，在花蓮港休息的那一晚，也是被銬著手銬、憲兵拿槍押著睡著的。隔天風浪稍微平息後，才又從花蓮駛到綠島，然而太平洋的風浪依舊不小，再修記得自己當時吐到連膽汁都出來了。

因為颱風的阻撓，前後大概花了快兩天兩夜才駛到綠島。因為船太大、駛不進綠島的港口，他們在快到岸時停了下來，沿繩梯爬下大船，換搭小船到綠島中寮的沙灘，再走一段路才抵達所謂的「新生訓導處」。

煉出「新生」

在綠島，起初只有兩大隊，後來新生人數愈來愈多，不得不再增設一大隊。在高峰時期約有一千多人，一共分為三大隊，每一大隊又分四中隊，總共十二中隊。

一到四中隊隸屬於第一大隊，五到八中隊隸屬第二大隊，九到十二中隊則屬於第三大隊。然而因為國民黨政府忌諱中共八路軍的緣故，便沒有第八中隊，以女生分隊充之，卻是隸屬於第六中隊。

一中隊約有一百二十至一百六十人左右，同一中隊的會分配睡在同一營舍，女生分隊則是另外睡在她們自己的營舍。不同中隊的人若遇到，原則上是不能交談的。同中隊則依不同時期的需求，會再細分分隊及班別。

再修當時被分在第一大隊第三中隊第二分隊的第三班，同案的馬再騰、郭聰輝、余榮枝[3]也都是在第三中隊，而被判感訓的顏慶福[4]亦是。另一判感訓的郭澤榮[5]在第二中隊，蘇明哲和江槐村在第四中隊，陳榮華在第七中隊。

當時另有一口耳相傳的「第十三中隊」，在距離新生訓導處一小段距離的一座小山丘上——其實就是一片墓地，專門埋葬不幸在異地綠島往生的官兵及新生們，但官兵的比例較少，比較多的仍是過世的新生們。第十三中隊，也是多年後老同學們一起回這座火燒島時，最常回來走走致意的地方。

差不多在剛到新生訓導處的時候，再修被中隊長約談。他告訴再修他的刑期是十年，還語重心長地說，如果在獄中都認分遵守規定、不要鬧事的話，可能可以減刑提早出獄，但相反的，如在獄中鬧事或不服從的話，便會加重刑期。

當時綠島新生訓導處的模式比較像是以思想改造為目的的集中營，一開始的作息基本上是一天上課、一天勞動，到後來才改為半天上課、半天勞動。每天早上六點，喇叭就響了，大家趕快起床，十分鐘內要洗臉整理完去點名，點名完後就要唱反共的歌曲，接著做早操、小組討論，小組討論完才吃早餐，吃完早餐才一人拿一張木頭椅子去教室上課。

上課部分，早上教的多是國父遺教、蘇俄的歷史及領袖言行等，下午則是「政治幹事」負責的「小組討論」，但是方式像極了洗腦，大家輪流把早上照抄下來的課程內容一字不漏地唸一遍，不能多提也不能少提。還有定時的考試，題目都是選擇題，內容也不難，多數人幾乎都隨便考一考、上課也常常都在打瞌睡，倘若考不好的話會影響最後出獄的考核成績，進而可能影響到出獄的時間。

至於勞動的部分，不像之前在軍法處或軍人監獄都不用勞動、換洗衣服都可以交給不是政治犯的「雜犯」洗。在新生訓導處的勞動相當多，也多半粗重。因為海風相當大，需要新生們上山砍茅草來圍籬笆、築圍牆、建倉庫、建營舍等，還有維持一千多位新生和其他負責管理的官兵們之伙食所需，種菜、養豬、煮飯、抬物資等，這些都是家常便飯。甚至到唐湯銘擔任新生訓導處處長期間（一九五四至一九五七、一九五九至一九六三年），人數有一定規模後，還設有不同生產班，分別負責與伙食相關的事務。

回想在本島時，不管是軍人監獄還是軍法處、保安處，伙食都一樣寒酸，常常一餐飯只給十幾顆花生米來配飯。然而在綠島，反倒因為有空間可以自己養豬、種菜等，伙食便比較好了。綠島當地的居民羨慕新生們有白米吃，相較於地力不適宜種稻、只能吃番薯籤的綠島居民，當時新生訓導處的白米是從本島運送過去，因此每週都需要派幾位新生去碼頭搬米，負責此勞役的新生有時也會趁機向當地居民以物易物，用剩下的白米換些當地人自己捕到的漁獲。

即便偶爾也有悠閒的時候，但不到半年，再修仍因過度憂慮及疲勞而病倒。在療養室休養兩個多月後，才可從事如磨豆腐這樣較輕鬆的勞役。

再修記得，一開始在綠島時，生活難免有些克難，洗澡都是直接在營舍旁邊一條唯一的天然溝渠解決，他們戲稱此條溝道叫「流氓溝」，係因為日治時期殖民政府將本島的流氓逮捕後，就送來火燒島。炎熱夏天時尚且可以稱為清涼，然而每到冬季，要在流氓溝露天洗冷水澡的確不是件輕鬆的事。因為小島的地形沒有高山屏阻，東北季風一吹起，便是毫不留情地朝這小島颳起冷冽寒風。

一次再修便是因為在流氓溝洗澡而發高燒，燒了好幾天，好不容易高燒退去，卻又開始失眠、胸悶、呼吸不到空氣。一開始胸悶及呼吸困難的情形只會持續不到一分鐘，沒想到，日子久了反而愈來愈嚴重，到後來一整天都這樣，不得不送到新生訓導處的療養室。在療養室裡，睡著便沒感覺，一醒來卻又繼續感覺呼吸不到空氣，當時診斷不出確切的病名，只能大概歸類為打擊太大引起的神經耗弱。

當時在新生訓導處，他們稱因病而在療養室休養叫「掛病號」，而因病請假則有分「全休」與「半休」。全休是指早上不用起來點名，且免除上課與勞動；半休則是不用勞動，但是要上課。當時再修的病情相當嚴重明顯，即便要請全休，上頭也是會准許的，但是這樣在病床上躺一整天，再修也覺得太難受，於是便請半休，只上課不勞動，過些時日後才可以做些較輕鬆的勞動。

案情的再釐清

印象中，當時身邊外省人的政治犯也不少，占了近三分之一，再修想應該多半是在軍中發了點牢騷就被認定是「共匪」。在綠島，也不乏同是嘉義地區來的人，多半是嘉農或嘉工畢業的，在當時鄉下社會裡算是比較高學歷的知識分子，因此也多少有些話聊，解解苦悶的日子。綠島新生訓導處算是執行機關，即便規定不同中隊的人不能交談，但還是會與其他人聊天。一方面認識新的朋友，另一方面若有機會遇到同案人，或多或少也會討論案件及其他同案人的情形。

事後歸納下來，再修發現一開始金木山相信了問訊人的話，錯估國民黨政府的想法，以為像日治時期一樣只是問一問，只要誠實坦白的話，頂多幾個月就可以回家了，因此便講出大半內情。而後來大家被問訊時的共通點，也是宣誓入黨的時間或多或少都晚說個幾個月，而能不講出的人也盡量模稜兩可少講幾個，情節也是避重就輕少說一些，因此，再修那一案件中，十一個人槍殺兩個，這比例說實在算少的。

再修記得當時自己自白書裡只有提到「有看書」、「有加入組織」，沒有說出確切交自傳、宣誓的事情，也因「臺灣青年民主自治革命促進會」只被視為共產黨的外圍組織，再修也沒介紹人加入，因此逃過一劫，判刑較輕。

「那時候如果下面再有人，就二條一了。」再修事後回想時這樣總結。「下面有人」是指倘若還有另外介紹其他人加入的話，那人便算是你的「下線」。而和自己案情差不多的同學江槐村之所以被判刑十三年，比自己多三年，再修猜測是因為江槐村承認有「交自傳」，自己則沒有承認交自傳。

另外，再修這一案，也幾乎沒有節外生枝。大家都只說自己的部分，沒有把其他人供出來。而有些當時仍在逃亡的，後來有的出來自首、有的被抓到，像當時和蔡志愿、張棟材兩人一起逃亡的賴命郁和余健敏，後來都出來自首了。賴命郁自首後又順利回到學校完成嘉農學業，畢業後就一直在糧食局工作。余健敏因為是隔壁班森林科的同學，再修比較不熟，所以也不清楚他後來的去向。除此之外，黃萬斛當初雖然沒和蔡志愿他們一起逃亡，但情治機關去水林逮捕他時卻撲了個空，黃萬斛逃了沒多久後才自首投案，後來便回到家鄉雲林縣水林鄉的水林國小工作。

知悉蔡志愿被捕的事，再修記得，是在到綠島後的第二年，聽其他批從本島來的新生說的。

當時蔡志愿在畢業前便逃亡，輾轉飄流過老家雲林鄉下一帶的田野間。起先回家幫忙農耕，一九五〇年十月逃亡期間，還在老家見過一次張棟材。隔年一月離開老家一帶，開始流浪在附近鄉下的番薯園間。當時一位叫蔡進興[6]的人會接濟他一些所需，蔡志愿有時便會到他家中索食，但大部分時候都是啃食簡單的甘蔗、番薯及花生維生。當時雲林鄉下地區多種植甘蔗、番薯及花生等旱作，甘蔗園也因高大的甘蔗提供隱密性，而成為許多逃亡黨員的藏身之處。似乎冥冥之中有種荒謬的成分在，曾經這些農家子弟的家裡因被殖民政府及糖廠的資本家所聯合剝削，而不得已需要輪作甘蔗、再以極低的價格被收購，這些農家子弟在小時候還不懂事時，也會在高大的甘蔗園裡恣意偷啃家中父親辛苦栽種的甘蔗解饞，如今甘蔗園卻也成了這些逃亡者逃亡生涯裡的作伴。

甘蔗園，曾是不同時期南臺灣產業的命脈，也在不同時期，以不同的姿態，嵌進這些農家子弟的生命軌跡裡。

再修總這樣形容蔡志愿後來逃亡時堅持不去自首，「死也好，活也好」，就是堅持不自首。而蔡志愿最後是以男扮女裝的面貌被捕，一九五二年九月十六日，在整整逃亡了兩年多之後，天仍曚曦的清晨五點，蔡志愿到蔡進興家中索食時被捕。再修後來聽別人說，當時蔡志愿被扭進保安處時，全場一片譁然，大家訝異怎麼會把一位妙齡女子抓進來呢？直到更近看一些，才有幾位認得他的人喊出他的名字。男扮女裝看似是逃亡時期的好方法、好手段，但究竟是因為純粹的工具性原因，抑或是另有其他的原因，則不得而知。[7]

蔡志愿於一九五二年九月十六日被捕，於一九五三年的五月二十日在馬場町槍決。槍決後，家人不知道是不敢、還是經濟不允許北上領屍。一直到幾年後，蔡志愿的弟弟去當兵時，在軍中特別打聽，才知道哥哥被槍決後便埋葬於臺北郊山六張犁的亂葬崗上，日後得以將屍體領回。

再修念念不忘一起讀書的日子，「蔡志愿，就是影響我的那個人。」即便多年後，再修每每言及於此，仍不斷重複著這句話，但那句話裡頭不見怨恨，只有篤定。

2364，不會遺忘的數字

在綠島大約待了一年半，一九五三年二月四日的早春，再修又移監回新店安坑的軍人監獄，同案的馬再騰、郭聰輝也一起被調回來，當時三個人都被關在北所的同一房。

在軍人監獄，沒有分大隊及中隊，每個人擁有的是一組四位數的號碼，當時再修、馬再騰和郭聰輝三人的數字是連號。而那一組數字，將取代他們的名字，在不見天日的餘下八年多的徒刑裡，成為他們的代號、他們的面孔。在軍人監獄的每個同學都和他們一樣沒有名字，都只有一串數字——那是再修即便到老、對於許多記憶都些許模糊後也不會忘記的數字——2364。

當時許多從綠島調回本島的軍人監獄新生，通常都是因為有頑劣反抗管教的傾向，或涉再叛亂等嫌疑，再修也不知道自己為什麼又被調回本島，猜測是因為綠島新生訓導處已人滿為患而做的調度。

當時軍人監獄已不是在軍法處的隔壁，同樣因為人滿為患，一九五二年，軍人監獄移至現在的新店安坑地區。再修事後想起總是覺得荒謬，是什麼樣的一個年代，小小島國，監獄卻人滿為患。

不同於綠島的新生訓導處是營房式的，有上、下鋪的鐵床可以睡，本島的軍人監獄就真的像監獄一樣，一間小房間關了三十多人。大家席地而睡，十分擁擠，連躺下去都是困難，更不用說翻身。伙食部分也不如綠島，在綠島吃得雖簡單清淡，至少一天會有三餐飯，在軍人監獄卻一天只吃兩餐，吃的都是大鍋菜拌點黃豆油和鹽巴，一個月有一次「打牙祭」，每個人會多發一小片豬肉。

然而軍人監獄感覺比較自由，在那裡沒有聽不完的洗腦課程，只是偶爾會發批判共產黨的書給他們看。雖然竟日呆坐灰暗的牢房裡非常苦悶無聊，但可以看報紙，多少知道點外面發生了什麼事。當時軍人監獄又分作仁、義、禮、智、信五個區域，再修在仁監。一天有一次或兩次的放封時間，每次大概半小時，不同監的人會被分配到不同草地，時間一到會一起出牢房、再一起回牢房。除了少部分被關在獨房的人不能放封外，其他人放封時可以選擇出牢房、也可以選擇不出牢房。

另外，先前因綠島距離太遠、交通不便利，再修的父母都沒有去探監，調回軍人監獄後，父母便可以來探監了，再修也多少得知些家裡的事。

房間會定期輪換，每隔一定期間就要調到其他房間，但已經沒有不能講話的規定了，再修因此認識黎子松[8]、周賢農[9]等人，反倒可以再學習更多社會主義的思想。其中有一位再修常常學習的對象是隻身來臺的湖南上校陳行中，[10]在綠島新生訓導處時，陳行中在第四中隊，和第三中隊的再修不能交談，因此再修也是調回軍監後，因為同房的緣故，才有機會和陳行中認識。再修記得他學問很好、也會寫文章，常偷偷跟同房的人談論社會主義。

即便身體被禁錮在狹窄的牢房，但許多獄友們仍抱持著知的欲望，因此大家常用「同學」互稱彼此，即在監獄裡頭一起學習的老同學。再修也承認，即便高中時讀了些理論的書，但入獄前對社會主義的瞭解其實有限，是後來在獄中因為這些同學的緣故才漸漸有更深的理解。

獄方為了管理，也會在一些房中安插「假政治犯」，他們會當「抓耙子」、打小報告。再修那一房的人們都會一起聽陳行中講論社會主義的理論，當時再修因為患有背疾，不能久坐，因此不能寫字、沒有做筆記寫下來，但像其他獄友如郭聰輝等便把陳行中講述的內容做筆記抄下來。後來被別人打小報告，獄卒臨時來「抄房」，筆記全被獄方拿去。再修那一房有三人牽涉其中，包含陳行中、郭聰輝等人，一次一群十幾個人又被送回軍法處槍斃，此次事件便是後來稱的「臺灣軍人監獄在監馬時彥叛亂案」。[11]

雖然在軍人監獄待了快八年，是時間最久的，但每天的生活千篇一律，渾渾噩噩過日子，也有些人精神錯亂、發瘋，甚至自殺。再修還記得有一次，一個官校學生發瘋了，中午拿一支棍棒把一個與他無怨無仇的人活活打死，後來那個官校學生被送回軍法處槍斃，而這個事件也就這樣無疾而終，沒聽說有什麼賠償。這些事再修雖然親眼見到，但卻不知道那個官校學生和那位被打死的人的名字究竟叫什麼。

瘋癲，失序，失語。這些政治犯，其中不乏在非人性的刑求或偵訊過程中，被挑撥離間、被製造「事實」、被煉成敵人，從而被逼瘋、錯亂、精神失序。然而失序之人亦不一定會被國家所赦免，有些人在審判前便直接被送往松山病院（原臺北市松山錫口療養院）、玉里療養院等精神病院，有些人被放走卻因瘋癲而流落街頭，這些人將不會在國家的判決檔案中留下紀錄，他們被國家逼瘋，也被從此摘掉了名字。[12]

有些人是在判決定讞、入獄後，才漸漸失序。國家將這些政治犯網羅、圈進牢籠，三千多個日子起跳的刑期，將他們當作偏差、需要矯正思想之人，於是，半瘋的人完全脫序，沒瘋的人也半瘋了。

有些人即便失序，國家仍裝聾作啞，仍舊送往審訊臺。最有名的例子便是許席圖。[13]一九六三年，來自美國的留學生在《中央日報》發表了投書〈人情味與公德心〉，批評臺灣社會「缺乏公德心」的亂象，原為政大學生的許席圖為回應此投書，號召多校學生成立「中國青年自覺運動推行會」，以「我們不是自私頹廢的一代」作為宗旨，從事社會服務。自覺會一開始受救國團的支持，然而隨著串連高中、大學，組織日益壯大，開始被國民黨盯上。一九六九年二月，許席圖組織「統一事業基金會」，打算推展公益事業等方式來發展學生組織，此機會被國民黨逮住，警備總部以「意圖顛覆政府」的罪名逮捕許席圖等人。

自一九六九年進入起訴程序，許席圖在偵訊期間受到刑求導致精神失序。在一九七〇年的一份檔案資料裡，臺灣警備總司令部軍法處審判庭已提到被告許席圖「被告心神喪失，於其回復以前，停止審判」。然而在一九七二年的同案呂建興的審判覆核檔案裡可以看到，時任總統的蔣介石卻用紅字在判決書末寫下：「此等叛亂罪不論年齡幼如何，凡其已至十八歲者應依法取治，至許席圖主犯不論其是否精神分裂症，既係主犯，不得停審應判處死刑，餘照甲案辦理勿延」，[14]將許席圖刑度改為死刑、其他同案人如呂建興[15]等改為無期徒刑。許席圖後來因已徹底失序，輾轉被送往玉里療養院，也一直分別到一九八七年及一九九二年的高等法院檔案裡才看到許席圖被免訴處理。原先許席圖在玉里療養院這件事早已不被世人所記憶，直至一九九〇年才被過去的難友發現。

法國著名哲學家、社會理論家傅柯（Michel Foucault）曾如此比擬，「最顯著的道德畸形，就是政治犯。」[16]於是，這些政治畸形的「畸零人」[17]被視為預謀顛覆國家、危及國家體制，需要被刑求、被監禁，送到荒郊綠島、山區安坑裡被改造，遺忘過去與被現下世人遺忘。

在軍人監獄的牢房比綠島新生訓導處陰暗溼濡許多，八年不見天日的日子，再修沒有名字，只有一組不會錯記的數字。

1 國防部臺北軍人監獄，設立於一九四七年，舊址位於今臺北市中正區忠孝東路一段以南、林森南路以西、青島東路以北、鎮江街以東的街廓內，確切位置尚待考證。此為為臺灣戰後第一座軍人監獄，與臺灣省保安司令部軍法處看守所（今青島東路三號）、國防部軍法局看守所（今青島東路一號）相鄰，共用改建自日治時期的一棟陸軍倉庫。臺北軍人監獄於青島東路段舊址的監房，除有一區是女監外，分為「自、新、改、過」四區監房，每監七房。後因眾多軍監相鄰過於擁擠，故於一九五二年三月移監至新店安坑（今新北市新店區莒光路四十二號），改名為國防部臺灣軍人監獄（另名新店軍監）。參考不義遺址資料庫，〈原國防部臺灣軍人監獄（新店安坑）／原臺灣省保安司令部軍法處看守所安坑分所〉，https://hsi.nhrm.gov.tw/nhrm/zh-tw/whiteterror/734330。

2 臺灣省保安司令部新生訓導處，簡稱新生訓導處，另名莊敬營區，設立於一九五一至一九六五年，位於今綠島鄉公館村將軍岩二十號（舊址：公館村流麻溝十五號，現為國家人權博物館白色恐怖綠島紀念園區）。原隸屬臺灣省保安司令部，一九五八年改隸警備總部。主要為一九五〇至一九六〇年代白色恐怖時期監管、改造思想政治犯最大型的集中營，兼具勞動改造和思想改造雙重功能。內湖新生總隊為新生訓導處的起點，由保安司令部管轄，因監禁空間不足，陸續遷駐綠島新生總隊（新生訓導處的前身）。「新生」起初專指「匪嫌」和「匪俘」（主要是一九四九年古寧頭戰役的共俘），和「叛亂犯」（判決過的政治犯）是不同的指涉對象，但一九五一年因青島東路軍法看守所及分所爆滿，「叛亂犯」亦移監綠島新生訓導處共同管理（代監執行）。參考不義遺址資料庫，〈原臺灣省保安司令部新生訓導處〉，https://hsi.nhrm.gov.tw/nhrm/zh-tw/11/735897。

3 余榮枝，男，一九二九年八月十日生，嘉義縣人，被捕時二十二歲，為嘉義省立工業學校補習班學生，後被判刑十年，褫奪公權七年，實際刑期為十三年。臺灣轉型正義資料庫，〈余榮枝〉，https://twtjcdb.nhrm.gov.tw/Search/Detail/13599。

4 顏慶福，男，一九二八年生，嘉義縣人，被捕時二十四歲，業代書，後交付感訓。臺灣轉型正義資料庫，〈顏慶福〉，https://twtjcdb.nhrm.gov.tw/Search/Detail/13608。

5 郭澤榮，男，一九三〇年四月十八日生，嘉義縣人，被捕時二十二歲，為公賣局嘉義鹽廠實習生，後被以「明知匪諜而不告密檢舉」予交付感訓。臺灣轉型正義資料庫，〈郭澤榮〉，https://twtjcdb.nhrm.gov.tw/Search/Detail/13604。

6 蔡志愿被捕後的自白書裡提及，但檔案局資料裡找不到此人相關的判決資料。參考國家發展委員會檔案管理局，〈蔡志愿自白書〉，《蔡志愿等叛亂案》，檔號：A305440000C/0042/276.11/124。

7 蔡志愿在自白書裡提及，躲在田園間的那一陣子，有一次看見有戶人家外面曬著女人的衣裳，他忽然靈機一動想：「假使我是一個女人？」參考〈蔡志愿自白書〉。蔡志愿自白書裡頭鉅細靡遺地描述自己決定男扮女裝的當下，及後來繼續男扮女裝的過程，這點值得細究，感謝林傳凱於二〇二〇年間於中山大學歷史社會學這門課提及此事，提供多一層思考面向。

8 黎子松，男，一九一五年生，廣東人，籌組「社會主義青年大同盟」，被捕時三十六歲，為新竹縣立中學教員，於一九五一年十二月十九日槍決。臺灣轉型正義資料庫，〈黎子松〉，https://twtjcdb.nhrm.gov.tw/Search/Detail/16882。

9 周賢農，一九三三年十二月五日出生，新竹縣人。一九五〇年就讀省立新竹中學高中二年級時，受國文老師黎子松影響，參加「社會主義青年大同盟」，隨後被捕，因未滿十八歲，判刑七年；刑期結束後再送小琉球管訓一年五個月，一九五九年五月十日出獄。先後曾在紡織公司、電影公司服務。臺灣轉型正義資料庫，〈周賢農〉，https://twtjcdb.nhrm.gov.tw/Search/Detail/15768。

10 陳行中，湖南籍軍人，被捕時三十七歲，判刑十二年、褫奪公權十年。臺灣轉型正義資料庫，〈陳行中〉，https://twtjcdb.nhrm.gov.tw/Search/Detail/23311。

11 發生於一九五三年，因本案牽連遭判死刑者馬時彥、祝英傑、黃胤昌、郭聰輝、丁桂昌、王幼石、劉水龍、杜誠、黃藻儒、郭文魁、陳行中、鄔榮盛、杜楓，陳正宸被判五年，蕭坤裕病死，吳哲雄、吳榮河、顏錦華、徐維琛、吳逸民則僅施以感化教育，另因抄錄馬恩主義理論唯物論階級鬥爭等，黃金煌、王鶴棋、劉煌、吳長生、陳森沂、周永富、呂華璋、李清增、李榮源、林金春、黃樹丙、陳來發、陳永生、江德龍、陳金波、林德星、顏大樹、詹阿輝、孫天來、周坤如、林學禮、邱奎璧、張敏生、陳奕雄、王成家、林拾皆加感化教育。參考陳英泰，《回憶，見證白色恐怖》（臺北：唐山，二〇〇九）。

12 參考胡淑雯，《太陽的血是黑的》（新北：印刻，二〇一一）。

13 許席圖，一九四四年生，雲林縣北港人，自幼父母雙亡，與唯一的姊姊相依為命。許席圖原就讀政治大學企管系，後轉法律系。參考〈覺醒的中國青年——許席圖〉，政大記憶網，http://nccuwiki.lib.nccu.edu.tw/index.php/%E8%A6%BA%E9%86%92%E7%9A%84%E4%B8%AD%E5%9C%8B%E9%9D%92%E5%B9%B4%E2%94%80%E8%A8%B1%E5%B8%AD%E5%9C%96%EF%BC%8D。

14 參考臺灣轉型正義資料庫，〈許席圖〉，https://twtjcdb.nhrm.gov.tw/Search/Detail/13111。

15 呂建興，一九四九年生，臺南市人，因一九六九年「統中會」一案被捕，被捕時十九歲，被判無期徒刑，後來因蔣中正過世減刑，呂建興刑期才降為十五年，在一九八四年刑滿出獄。後以筆名呂昱發表多篇關於獄中生活的作品，如《獄中日記》。參考沃草，〈當年響應救國團學生變叛亂犯　政治受難者呂昱：「主犯」被刑求到發瘋、老蔣仍堅持判死〉，https://watchout.tw/reports/

XWMjYWwwNYRfe1EOz77a。

16 參考李淑君，〈言說之困境與家／國「冗餘者」：論胡淑雯的白色恐怖書寫與政治批判〉，《臺灣文學學報》第三十六期（二〇二〇年六月），頁八〇，轉引傅柯著，錢翰譯，《不正常的人》（上海：上海人民出版社，二〇〇三），頁四三至一〇九。

17 紀大偉，〈資本主義，一個愛的故事——讀胡淑雯《太陽的血是黑的》〉，《印刻文學生活誌》第七卷第十二期（二〇一一年八月），頁六〇至六三。

第五章——嵌進身體裡的流離

十年回家路

瞇著雙眼，遠遠看見一個身影面對著軍人監獄大門，正望著裡頭，距離仍太遠，再修無法辨別其面孔。上一次父親有信來探監時提到，獄方規定出獄須要找到兩位保證人，有信便找了兩位自己的朋友當再修的保人，他也提到當天可能會是再修的弟弟水抱[1]來接自己出獄。

說實在，再修自己也很久沒照鏡子，也不太確定二十九歲的自己如今長成什麼模樣，更無從猜想十年未見的弟弟將會長成什麼樣子。印象中弟弟的身影，是十六歲就在田裡幫忙父親的厚實身材，如今應該在田裡獨當一面了吧？應該又壯了許多吧？

一天不多、也一天不少，再修在獄中整整十個年頭後，在一九六一年一月四日這一天出獄。多年後回想，再修表情有藏不住的喜悅，仍難掩心情的激動。他還記得，在日子快接近十年的那一陣子，他每天看報紙時都在心裡默默倒數著。

當時新店安坑仍是偏僻的山區，沒有火車通過，也沒有客運行駛，尤其軍人監獄一帶，更沒什麼商家或住戶。弟弟水抱特地北上來臺北，再從臺北車站坐客運來到新店客運站，下車後再轉搭三輪車，輾轉來到安坑的軍人監獄。

簽下宣誓書，宣誓「永久脫離匪黨」，帶著十年來陪著自己的一、兩套簡單換洗衣物及盥洗用具，再修被獄方人員帶到軍人監獄大門。回憶跳動著，既模糊又鮮明，再修記得一些當天弟弟喊他阿兄的語調，記得一些當時圍牆外的景色，卻因心情太過激動，也忘記了一些弟弟水抱的神情，忘記一些當時的天氣。

回程的路上，從軍人監獄門口搭三輪車到位於新店市街的客運站，再從新店搭客運到臺北車站，從臺北車站買最慢、最便宜的普通號火車，一路搖搖晃晃到嘉義車站，再從嘉義車站搭客運回到後潭的家中。

抵達家時已近晚上八、九點，當時雖然新曆年已過，但剛好趕上和家人們過舊曆的新年。再修痛快地洗了個澡，想到方才顛簸的普通號火車上，窗戶緊閉，車廂裡窒著一股黏膩的稀薄空氣。天色已漸漸暗下，好險，好險就要到家了。

這一條回家的路，他這麼一走，竟然就走了十年。

做田人的運命

甫出獄時家裡的光景已稍稍有改善，當時因為土地改革政策幾乎都已完成，至少擁有自己的土地，不用再當佃農後，比入獄前的日子好一些了。雖然弟弟水抱開始做點小生意賣魚，但父親有信仍在種田，家中大部分成員的工作也仍舊以農業為主。

自耕農的自主權比較多，可以依照近期經濟情況適時調整作物組合，兼種些生長期較短之雜作作物，例如玉米和瓜類。種生長期比較短的作物的話，收成後可以早一點拿到收入，不像以前種甘蔗要一年半才收成，水稻跟番薯至少要半年，生長期比較長，跟柑仔店買東西還要先賒帳。如今資金運用上較彈性，較不會像以前常常需要賒帳。再修記得兒時是吃番薯籤，出來之後至少可以吃到白飯了。

不過再修很快地便觀察到，在米價市場裡，還是有買賣方的剝削。因為農收不是直接賣給消費者，還有經過中盤商，往往獲得最多利潤的都是中盤商，農民收入並沒有那麼好。另外，當時的肥料換穀政策也並未大幅改善農民生活，再修記得以前向日本買肥料沒有那麼貴，然而一九四八年公布立法實施「肥料換穀」政策後，規定農民必須以收成的穀物去換購政府的化學肥料，等於是以低於市價的價格賤價售出穀物。

另外，一九五三年政府公布實行耕者有其田政策前夕，有信便被地主的話術欺騙，用分期付款的方式向地主買下原本佃租的那塊三甲多的土地，後來那塊土地經歷一波三折，利滾利之下，有信不得已一點一滴變賣土地還債。

出獄後，再修仍持續受到嚴密的監視，派出所每個月會來調查兩次，若是長時間到外地工作也要報流動戶口，除此之外，派出所還會叫鄰居們幫忙監視再修，甚至有一陣子，在基隆工作的那段期間，曾有兩位警備總司令部的外省人到家鄉調查，要求再修的家人把他和別人的通信給他們檢查。不過鄉下鄰居們多半不會以異樣眼光看待再修，也不會特別躲他，他們都覺得再修只是讀太多書，或被學校老師影響而誤入歧途，不是做什麼壞事情，甚至再修剛出獄、沒工作時還會安慰他說「一枝草，一點露」、「天無絕人之路」。

天無絕人之路，於是再修決定離開「做田人」的命運，到外面的工廠闖一闖。

升不了正式職員的宿命

出獄後的日子，當然回不去原本穩定的鄉公所的工作了，幾乎只能做一些臨時工作，在一份份的臨時工、一間間的工廠之間輪轉。再修算一算，他顛沛的職業生涯一共換了至少十二份工作，包含工廠工人、記帳員、洗碗工、賣冰水或豆腐的小販、大樓管理員、司機等——即便這已經不計入那些做不了兩三個月便被老闆藉故辭退的工作。也因為是臨時工的身分，老闆一開始幾乎都不會過問太多，但一發現再修的政治犯背景，結果多半是失業，抑或是一直沒辦法取得正式員工的身分。

剛回來那時候，因若干以扶植工業發展來追求經濟成長的「以農養工」政策，從一九五〇到一九六〇年代，臺灣開始由農業社會邁向工業社會，[2] 農村人口逐漸外流。為了生活、為了家計，再修不得不開始思考種田以外的出路，然而當時因為政治犯的背景，工作又不好找，生活相當窮苦。再修晚年也常自嘲「一生都是在窮途潦倒中度過」，十年小牢，出獄後卻是永無止盡的社會大牢。

再修先後在嘉義、高雄、基隆、臺北、屏東等地工作，在家鄉附近的工作，介紹者多半是兒時的朋友或同村鄉里，而外地的工作則多半是獄友所介紹。

一開始在嘉義的中福紙廠當臨時工，是兒時朋友介紹的工作。一天工資十塊錢，來回車錢就要八塊錢，所以當時再修都是騎一小時的腳踏車去上班。因為要節省開銷，再修都是帶米飯去自炊，再帶一些菜去煮。再修沒在外面吃過飯，不太知道當時在外面吃一頓飯多少錢，所以很難用當時的食物物價來比較開銷。

臨時工禮拜天也要上班，本來老闆說做三個月後就可以成為正式工人，月休兩天，薪水比較高，還會加入工會，比較有保障，但再修做了五、六個月還未升為正式工人。過不久老闆就跟他說不能繼續在這家工廠做事了，再修便猜測可能因為當時有很多同村的人在那邊工作，老闆聽到風聲知道自己曾經是政治犯的事。

對許多政治犯而言，在獄中是被關小牢，出獄面對的則是社會大牢。對再修而言，自由的日子同時也意味著不斷流離與移動。從北到南，曾經是當時名校嘉農出身的再修只能到處打著零工，輾轉從基隆暖暖、瑞芳一帶的煤炭公司、土城的瀝青工廠、枝仔冰攤販、民雄的頭橋工業區到屏東的皮蛋行。流離，注定要嵌進他的身體。

在嘉義的中福紙廠之後，第一次離家到異地工作。

同村朋友介紹再修去高雄一家木業工廠。老闆大概也沒事先對他做什麼調查，不知道他政治犯的背景，就這樣再修開始在剛起飛的高雄工作。一天工資十九元，但還要扣掉房租、三餐等食宿費，其實收入也相當微薄，所以沒做多久，就因媒妁之言而回家結婚了。

一言難盡的婚姻

再修三十歲那年，也就是出獄一年多後，和隔壁鄉鎮朴子出生的涂照春成婚。當時農村的婚姻多半依賴媒妁之言，再修在婚姻市場上屢屢被女方家屬嫌棄沒有錢、沒有穩定工作、沒有什麼財產，甚至事先知悉他政治犯背景的人，早就避之唯恐不及。多次相親失敗後，再修曾對父親有信說「結不結婚都沒關係」，但被有信大罵一頓，再修不得已才再繼續相親。

照春小再修整整十歲，當時年紀不過二十初頭，出生於嘉義朴子的大槺榔。大槺榔聚落形成得很早，曾經聚集許多人口，不過後來逐漸被朴子市街所取代。照春家裡在大槺榔從事黃豆買賣的小生意，一開始是照春的妹妹往來朴子與太保兩地跑腿送貨時看見再修，便向有信提起家中尚有一位未出嫁的姊姊照春，有信便找媒人去大槺榔提親。

這場婚姻說來也微妙，當時幾乎沒有人敢嫁給政治犯，那為何這樁媒妁之言還會成？原來是因為照春的祖父在日治時期也曾因參與抗日活動而被捕，因此照春的父親對於政治犯不介意，反倒認為這樣的人有骨氣。

然而，照春的父親不介意，不代表照春不介意。一九五〇年代入獄的許多受難者，入獄時是意氣風發的高材生，出獄後約莫是適婚年齡，但往往又因其敏感的政治背景，只能獲得不穩定的工作。照春與再修結婚後，家中經濟依舊沒有起色，即便有精明節儉的照春幫忙持家，日子依舊難以為繼。照春常常怨嘆再修的無能，責罵再修「頊顢」[3]賺錢。然而因政治犯背景，沒有老闆敢錄用，再修也相當無奈，能做的、願意用自己做事的頭路，再修無不努力嘗試，人們不是都說天無絕人之境嗎？再修常常這麼自問著。

「豆腐哦！豆腐哦！」

「豆腐哦！豆腐哦！」揹著扁擔、騎著腳踏車，一邊在後潭的鄉間穿梭，一邊大聲叫賣。

結婚後兩個女兒秀芬、秀琳相繼出世。起先再修跟照春娘家買點貨源來賣豆腐，再借點錢去買製作豆腐的工具，憑著以前在嘉農學過一些簡單的食品加工原理，自己無師自通學成，開始在後潭賣起豆腐。

然而因為生意不太好，一位住在莊外大馬路心地善良的中藥商，建議再修乾脆自己做豆漿、饅頭，再去批發點麵包、油條來做早點生意。

賣早點的生意並不輕鬆，幾乎是全家總動員。準備隔日的備料到深夜十二點多是家常便飯，凌晨三、四點，天未亮時夫妻倆就得開始忙碌，煮豆漿、揉麵團、蒸饅頭。才剛六點，兩個女兒也起床幫忙，大女兒秀芬去莊外頭的公路上等第一班從朴子來的客運，準備接從朴子市場批來的燒餅及油條，小女兒秀琳則跟著照春忙進忙出。

六點半左右，準備將餐車推往莊外的公路邊，再修在餐車前頭拉著，照春跟在後面幫忙拿些較輕的東西。剛上小學的女兒們，則在家門前另擺起攤位，專賣給莊內的鄰居們，賣到七點半左右，才匆匆收攤去上學。

當時為了家計，賣完早點後，稍微整理一下餐車及鍋具，下午再修便又去田裡種田或養牛。雖然收入有比較穩定了，但再修因盲腸炎開刀、大女兒秀芬體弱多病，因此當時收入也只跟支出剛好扯平而已，沒什麼儲蓄。想兼點副業養豬，結果養了兩年多卻又經營不善——因一個颱風來襲，就把豬圈吹垮了，在還沒回本的情況下，也沒有錢再造一個新的豬圈，只能把豬賣一賣再另想其他方法。這種種原因導致再修最後只能到處借錢，欠了一屁股債。

當時日子拮据，偏偏大女兒秀芬身體不好，常常鬧胃痛。在全民健保尚未上路的一九六〇年代，即使是在鄉下的一般小診所，醫療費也不是很便宜。再修記得當時很受白河一位呂水閣[4]醫師的照顧。呂水閣是再修在綠島時認識的獄友，當時在綠島的新生訓導處，大家便口耳相傳呂醫師懸壺濟世的事蹟。他不只醫術高明、妙手回春，對待病人也一視同仁，不管是新生訓導處的新生，還是新生訓導處的獄方，又或甚至是綠島居民，他從不因貧富貴賤而對病人有所差別。

難友們最難忘的是呂醫師於一九六二年出獄後，便時常接濟生活困窘的難友，有時提供些暫時的工作給難友做，有時則是免費幫難友的家人看病。再修也還記得，呂醫師的診所在白河市街裡的一個轉角，從太保到白河，騎腳踏車約一個多小時的路程，再修總是騎著腳踏車，載著大女兒秀芬，穿過片片農田及田間小路，才抵達呂醫師的診所。

再修記得，呂醫師從來沒跟自己收過錢，再修也不嫌遠地總是騎腳踏車往來二地。有時他想，能在生活的刻薄與困窘中，還能見到在火燒島共患難的老同學，甚至備受照顧，這份溫暖，他到老時仍念念不忘。

獄友介紹赴遠地：基隆的煤炭公司

再修想著，這樣繼續欠著債務也不是辦法，照春說家裡一切事物可以由她一個人擔起，賣豆漿一人便足夠，田地也可以暫時租給別人做。為了替家裡多掙一份收入，再修決定再次離開家鄉到外地找工作。這一次，也是靠以前的獄友介紹而來，這位獄友是曾經在嘉農一起讀書的同窗陳棠梨。[5]陳棠梨當年讀到高二便休學遠赴宜蘭羅東工作，然而在羅東紙廠工作期間，卻被捲入紙廠案件中，判刑十五年。羅東紙廠一案破獲、判決時間較晚，再修是被調回新店安坑的軍人監獄後，一天赫然見到熟悉的身影被押進牢房裡頭，仔細一看才認出是陳棠梨。

陳棠梨出獄後繼續留在北部工作，對北部比較熟，便介紹再修到基隆暖暖、瑞芳一帶的煤炭公司幫忙收帳。可能因為他是外地來的人，那時即便住在老闆家中，老闆也沒特別調查再修的背景。

當時薪水一個月是一千五百元，待遇還算不錯，但因為當時父親有信被診斷出肝炎，病情不樂觀，再修賺的錢也只剛好給有信當醫藥費而已。不過也幸好有這份工作，不然再修又得到處去跟別人借錢。

一九六〇年代，臺灣的煤礦尚未走下坡前，礦坑仍是廣泛分布於北臺灣。再修負責比較輕鬆的收帳工作，然而其他煤炭工人的工作卻相當辛苦，工作危險性相當高，每天一入了礦坑，沒人敢肯定能不能順利出來見到外頭的陽光，不只粗重的勞動及惡劣的工作環境，更不用說礦坑崩塌或爆炸的災變層出不窮。即使生活上過得相當窘迫，內心彷彿烙著一枚左派印記的再修，仍不由得心疼起這些煤礦工人。再修記得，煤礦工人們每天下工時，總是灰頭土臉地走出礦坑。一直到年老，他也沒有忘記那一張張被煤炭沾染得烏黑、彷彿只剩兩隻眼睛的臉孔。

父親過世：回家鄉的氣球工廠

不幸的，有信在再修約莫四十歲左右，因肝炎併發肝硬化而病逝。再修辭去了基隆的工作，先回家料理後事。恰巧弟弟水抱打聽到家裡附近有一家氣球工廠需要會日文的人，再修便被介紹去那裡工作。

氣球工廠的技術由日本引進，時常需與日本技師溝通，非常需要像再修這樣會日文的高學歷員工。倘若不是政治犯的經歷與背景，像再修這樣高職畢業的學歷，在當時不是穩定的公務員工作，便是工廠裡的管理階層，但再修因政治犯背景，只能躲躲藏藏地擔任臨時工，做些勞力活。一直到這次，因為工廠是弟弟水抱的朋友開的，再修才第一次被信賴，從事可以運用自己知識的工作。即使跟外面工錢大概一萬元比起來，再修的工錢只有六千，但因為工廠在鄉下，再修便沒有很介意這差距。

一九七九年，再修本來要和朋友自己集資開一間氣球工廠便辭去原先的工作，但因資金不夠而作罷，便又到嘉義民雄的頭橋工業區做臨時工。那年，正是高雄發生美麗島事件的一年，國家的監控再度叩門而來。平時就會定期來查訪的警察，在事件發生後沒多久，便又請再修去警察局寫「筆跡」（筆錄），要調查他是否有參與此次事件。不知道該說幸運還是不幸，恰好那一陣子再修剛出了場車禍，因而被免去懷疑。其實不只再修，當時雲嘉地區的難友們也都被警察問過一輪。

實際上，被現實生活擠壓的再修，根本無暇參與這些事件。出獄後那麼多年，再修唯一最親近的朋友，是和他同案的高中同學蘇明哲。當時他們同樣被判刑十年，出獄後蘇明哲便一直待在家鄉北港的扶朝里養鴨。再修記得，他們平時只透過書信連絡，偶爾他會騎一個多小時的腳踏車去北港找蘇明哲，或蘇明哲來太保找再修。他們兩人雖然依舊很關心時事，也會談論現下社會發生的事情，卻幾乎不再直接談論到社會主義了，更不用說進一步有所行動。然而，多年後再修娓娓道來，坦承骨子裡他們仍舊信仰著社會主義以及大同世界的共產理想，只是現實與高壓統治的拖磨之下，理想彷彿已被磨成好小、好小。

臺北不是我的家：輪轉的雜工

照春靜靜地磨著待會兒要賣的黃豆，和了點水，磨成黃黃的稀液體，再倒進灶上的大鍋。為避免大鍋裡頭的豆漿突沸或黏鍋底，需要一直守在一旁慢慢地攪拌，真正這樣經過灶邊熬煮過的豆漿才會香、才會濃。拿起一旁的大杓子，才想起該叫女兒秀芬、秀琳起床了，即便現在是暑假，但大女兒秀芬還要趕搭客運到嘉義的番茄醬加工廠打工。每到寒暑假，女兒們總會在各鄉間工廠到處打工，上個暑假在這家雨衣工廠、下個寒假在那間醬料工廠，像極了她們的父親再修，在各地工廠間流浪。

這是妻子照春及女兒們為了生活掙錢的光景。臺灣經濟漸漸有了起色，可以離鄉的人選擇離鄉，留下來的人，便在鄉間的小型食品加工廠打工，一樣在現實罅隙中冀望求得些安穩的日子。而流轉的人，依舊在異地流轉。

「臺北不是我的家，我的家鄉沒有霓虹燈……」羅大佑一九八二年的〈鹿港小鎮〉這樣唱著，奔波流連於不同城市、工廠的再修，日日忙碌工作著，可能也無暇去細細聆聽當時風靡全臺的這首歌，但那徘徊在都市間的身影，卻是再修的寫照。

一九七〇年代左右，臺灣經濟起飛。到了一九八〇年代，有許多鄉下人想到城市尋找更多工作機會，隨著大時代的浪潮，離開家鄉的土壤，漂浪到正用鋼筋水泥鋪滿市容的臺北。

念及女兒們相繼升上高中或出外就業，一九八〇年，再修便又到了外地找差事做，這一次，同著其他人的浮沉，也來到了臺北，那個高三時校外教學的城市，亦是自己曾經被禁錮、不見天日的城市。在臺北的日子，再修仍舊在一間又一間的工廠間流轉，先後做了許多種不同的工作。

這一次又是陳棠梨介紹再修去臺北工作，第二次北上，工作還是換來又換去。有一陣子在土城的一間瀝青預拌工廠，負責操作預拌機器，工作內容大抵就是把沙子和石頭混合，保持一百五十度的高溫，再送去預拌。再修記得，即便工作並不困難，主要是控制一些機器而已，但每天都得忍受工廠裡瀝青、柏油難聞的味道及難耐的高溫。當時一個月薪水大概一萬二、一萬三左右，也因為住在工人宿舍裡，開銷不大，便多少也存了些錢寄回家裡。

瀝青廠的合資老闆之一，是菲律賓華僑難友劉漢卿。[6]劉漢卿在三峽橫溪一帶另有砂石場及砂石資源開發公司，他的工廠也時常接濟、提供工作給政治犯們。

再修在那間工廠待了五、六年左右，後來又輾轉做過一些洗碗工等雜工，也和朋友試著合夥開店賣冰水。因為要和朋友合夥的緣故，再修便把戶口遷到了臺北，也因為其政治犯的身分，遷戶口時還要特地到當地的警局報備一趟。

就這麼一臺腳踏車攤車，裡頭塞滿賣冰的傢伙，在現今的松山家商附近，除了賣結冰水外，再修也兼賣雪綿冰。豔陽下，再修騎著攤車去他一貫的街角，開始喊聲叫賣，傍晚再騎回來。當時松山那一帶還沒有如今繁榮的樣貌，但因為鄰近學校，一開始生意不錯，後來不曉得為什麼，生意漸漸冷清。兩年後，再修便結束冰水生意，把戶口遷回嘉義。

難友的溫情：屏東皮蛋工廠

「告訴我，都市不適合流浪……」，一九八五年，李壽全的〈未來的未來〉曾經這樣唱著。解嚴前一年，已經過了可以嚷著「未來」的五十幾歲，在首都大城邊緣停留過兩次的再修，結束臺北流離的雜工生活，也結束臺北的小本生意，回到嘉義太保。

再度回到家鄉，再修在照春的娘家朴子巧遇以前在牢裡認識的朴子人辜金良，[7]他是再修在軍法處時曾經同房過的難友。一開始兩人都被分配到軍法處的一號房，但那時彼此不認識，後來調房時，又恰巧都調到十四房才認識的。

後來陸續聽說辜金良和同樣是政治犯的許金玉[8]結了婚，再修本來不認識許金玉，只在獄中有稍微聽說過這人。許金玉原本是臺北郵局的職員，受許梅真[9]等人影響，一同參與工會，因爭取本省人與外省人同工同酬的「歸班運動」而牽連進臺北郵電總支部案。一九五〇年，郵電工會案牽連了許多人，案首計梅真及錢靜芝兩人被判死刑，許金玉則被判十五年有期徒刑。一九六五年出獄後，四十五歲的她在其他難友的介紹下，與同是政治犯的辜金良結婚。兩人婚後沒有生育子女，一同在屏東開設皮蛋工廠從事皮蛋生意。

那次重逢，再修才知道辜金良和妻子許金玉一起在屏東開了間皮蛋工廠。辜金良也在知道再修的經濟狀況後，邀請他到屏東的工廠工作。

當時，女兒們也相繼離家在外地的工廠當女工，大女兒秀芬到了彰化的成衣廠，小女兒秀琳一度到北部的工廠。也因為女兒們相繼有自己的工作，家裡不需要時時有人照料，再修想了想，便決定再度離開家鄉到外地工作，再多賺點自己的生活費。

辜金良知道再修因為之前工作長期的操勞之下，身體狀況不是很好，便刻意安排較輕鬆的工作給他，請他幫忙看守工廠，一個月薪水大概兩萬左右，且可以住在工廠裡，不用在外租房。一方面辜金良他們住店裡，另一方面，即便已經解嚴了，並不代表人們可以高談闊論自己的思想，因《懲治叛亂條例》和刑法一百條仍存在，社會氛圍其實仍是不太允許他們談論自己的左翼思想，因此即便在屏東待了幾年，再修也鮮少再與辜金良、許金玉談論左翼思想，交流也不多，但再修仍非常感念他們夫妻的收留，在那邊做了三、四年到他六十三歲左右。

六十五歲後的家鄉流浪

離開屏東時，再修六十三歲，已經接近退休年齡六十五，女兒們也相繼結婚。再修本來打算就此退休回家休養，但因長年在外都是做些雜工，所賺不多，照春認為再修有失對於家裡的責任，加上後來蓋了新厝，這些開銷層層疊疊地累加，累積成再修與照春後來不斷爭吵的怒氣。昔時一人辛苦留在村莊裡賣早點、料理農事的照春認為，再修不爭氣，才會讓全家大小日子那麼辛苦，以前在外地賺的錢、領的那些薪水，光支撐家裡基本的開銷就已經用盡，如今年老後家裡沒有多餘的閒錢讓夫妻倆人可以安心退休。即便女兒們已經有了穩定的工作，然而新婚的她們，也有嗷嗷待哺的小孩接連出生，再修和照春兩人也不好意思完全倚賴女兒們的資助。

再修有苦難言，貧賤夫妻百事哀，左支右絀之下，再修做什麼好像都不是，因政治犯的背景求職備受限制，好不容易找到的工作不僅屬於勞力性質，薪水也多半不高，這難道又是再修願意的嗎？

爭吵過後，再修又繼續在家鄉附近找打雜的工作，以支拄自己老年的生活費。再修記得，一九九七年，他剛好滿六十五歲的那年，儼然家鄉的流浪者，在各式各樣的工作裡繼續顛簸流浪著。

一開始，再修應徵到附近麻魚寮的一間幼稚園幫忙開交通車，也就是「娃娃車」，接送幼稚園小朋友上下學。當時交通車司機的一般行情是月薪一萬五以上，但因為再修年紀較大，老闆只開一萬兩千元的月薪。再修當時想說有工作、有錢賺就好，便答應了。

交通車的工作做了一陣子，因為發生車禍，再修便也不做了。接連又找了公寓大樓管理員的工作，卻因為常常要輪值大夜班，已六十好幾的再修實在負荷不了這樣日夜顛倒的生活，便又辭職。

後來又去「顧寮」，也就是看顧工寮、幫忙看守工地的意思。顧寮的工作一直做到素來肝臟不太好的照春生了場大病那時。當時他們聽說林口長庚醫院的醫生在肝臟科方面非常厲害，便遠赴林口求診。照春住院住了兩個多月，再修便辭去工作專心照顧她。

照春出院後，再修又去嘉義市區的一棟大樓當管理員，不過這次不用輪大夜班，再修便做得比較久一些。後來又有人找再修去掛名嘉義市中興路一間建設公司的監工，因為是掛名，實際上也沒做什麼事，一個月有一萬五千左右的薪水。

就這麼一直到再修差不多七十歲左右，拿到政治受難者補償金之後，顛沛流離的雜工歲月才得以畫下句點，然而本來應該用來彌補傷痕的補償金，卻帶來了波折。

帶來決裂的補償金

一九九〇年代，《懲治叛亂條例》及刑法一百條相繼廢除後，社會風氣相對自由開放許多，派出所沒再來查戶口，也可以看中國出版的書籍了。這些書籍不再被視為禁書後，再修恢復以往好學的精神，閒暇無事便看些有關社會主義的書籍。甚至在一九九〇年代後期，陸續有些難友出版自己的回憶錄，也相贈給綠島的「老同學」們，再修因此讀了不少難友的著作。

一九八七年底，全臺灣的白色恐怖受難者們集結組成「臺灣地區政治受難人互助會」，總會在臺北，共分臺北、桃竹苗、臺中、嘉南、高屏五個分會。再修記得剛解嚴時，他們向內政部申請成立人民團體時還被拒絕，理由是臺灣沒有「政治犯」，只有「叛亂犯」，換句話說，政府對於難友們這樣的集結，其實沒有相當的開放態度，但互助會仍照常開會，堅持繼續運作。後來因二二八事件的受難者申請補償成功的事例，刺激互助會開始與政府機關商討補償事宜。畢竟這些受難者們，有些是隻身來臺的外省籍受難人，有些則是出獄後未婚的臺籍受難人，這些受難者們年紀漸長卻沒人照料，晚年的生活的確受到影響而經濟困頓，其他難友們見到這景況便想幫忙想些辦法。在與政府商討補償事宜時，互助會才改以「戒嚴時期政治事件處理協會」的名義申請，但此會名稱僅限於和政府接洽時使用，後來聚會、聯誼仍都是使用互助會的名稱。

一九九八年，立法院通過《戒嚴時期不當叛亂暨匪諜審判案件補償條例》，成立「戒嚴時期不當叛亂暨匪諜審判案件補償基金會」，開始進行受白色恐怖牽連的受難者的補償相關事宜。再修一直至領到補償金後，把它當作養老金，才終於可以退休。

再修的女兒秀芬及秀琳以前幾乎沒有聽再修提過自己的政治犯過去。再修婚前那十年的青春歲月，彷彿隱形一般，在家族中沒有人主動提及它。可能因為國家持續地監視，解嚴前社會風氣未開放，加上再修不怨天尤人的個性，他不想讓女兒們知道自己的過去。另一方面，在現實生活中夾縫求生，無暇再回顧過去。若不是那場因為補償金而引起的爭吵，那消失的十年，真像船過水無痕。

秀芬記得，小時候只覺得再修一直換工作，工作又相當忙碌，第一次聽聞自己父親的這件事情，是一九九〇年代後期領到補償金之後。當時，再修念及他入監的那十年，整個家庭的生計、父母兩老的生活，都是弟弟水抱獨自辛苦支拄，便拿出補償金一半的金額給弟弟，剩下的一半才拿回家裡作為養老金。

然而，這件事情被照春發現後，她大發雷霆。一方面是因再修事前沒有和照春討論補償金後續的分配事宜，另一方面也是因為剩下的那一半，對沒有固定退休金的兩人來說，大概不到十年便會用罄，無法好好安養晚年。更何況照春年輕時一人在家裡賣早點、料理農務而長期操勞，身體常常出現狀況，擔心著往後自己的醫療費。

從再修的角度想，自六十三歲那年從屏東的工作回家後，本來想就此退休，卻因照春說以前在外地工作賺的錢已經所剩無幾，自己於是得繼續工作。從那時起，兩人不只各自工作，生活開銷也都各自負擔，甚至在家裡的生活起居也都分樓層了。各過各的生活，兩人沒有金錢上的往來與瓜葛，補償金這樣的事情怎麼會還需要事先討論呢？

原先應該是好事的補償金，如今卻釀成兩人的紛爭。究竟，補償金「補償」的是誰？這場牢獄之災的受難者只有再修一人嗎？國家補償的究竟只是十年青春被監禁在狹小獄房、出獄後想找點像樣的工作卻處處碰壁的再修？還是那十年間留在老家支拄一家生計的其他家屬們？抑或是婚後四十年留在莊裡日夜顛倒、睡眠稀少掙錢勞碌的照春？出獄後的社會大牢，困住的只有再修一人嗎？

一向精打細算、節儉度日的照春，無法接受早年替這個家如此辛勤勞碌，甚至老年後，因這樣的長期操勞，身體也出現許多狀況，如今好像有個「補償」的制度了，到頭來卻是一場空。她不解的是，再修和她自己的老年生活可能都顧不好了，怎麼會還把補償的錢往外推、白白送給別人呢？

那筆錢成了導火線，本應是國家滿懷歉意的補償金——國家也許期待著彼此諒解、一片淚光縱橫、真摯感動的景象，卻成了積累四十年怨懟的引燃點——在知道再修因為對弟弟水抱有所虧欠，而大方慷慨分了一半的金額給當年支拄整個困頓家庭的弟弟時，照春憶起過去四十年間的日子，對於饑寒、貧窮、病苦卻愁無醫藥費的恐懼，以及過往對於金錢、白米、填飽肚子的焦慮，統統如放在水田裡威嚇麻雀鳥隻的鞭炮般，張牙舞爪地怒放。

那次爭吵像極了一場荒謬的八點檔肥皂劇，驚動許多人。照春一時之間無法克制自己的怒氣，在廚房抄起手邊的菜刀，對再修揮舞、破口大罵。再修在驚嚇之餘，也沒有多想些什麼，趕緊就往屋外跑，聯絡嫁到附近村莊的小女兒秀琳幫忙。

也因為那場金錢的爭執，親戚們議論紛紛，再修才有機會第一次對女兒秀芬、秀琳二人娓娓道來過去那看似空白的十年。秀芬曾經回憶道，要不是那次事件，親戚們都在談論這件事，再修才第一次對她們說出口，否則以前總理所當然地以為，再修高中畢業後便一直留在家鄉種田，婚後賣早點、到外地工作，就是如此平凡的一位農家子弟。

大女兒秀芬事後回想，脾氣溫和、敦厚老實的再修，幾乎凡事都聽照春的意見。唯獨秀芬國中畢業時想繼續升學這件事情，讓再修少數幾次敢忤逆照春的意思。照春認為跟其他同學一樣，早點出去找工作、有實務經驗比較實際，然而再修卻支持秀芬的決定，認為多讀點書是好事，至少也要讀到高中畢業。當時秀芬知道父親是因為自己也讀了不少書而支持她，但她從沒再進一步想過，以再修算高學歷的背景，後來為何沒有辦法得到一個穩定的工作？

補償金的爭吵後，再修便沒有再回到後潭那個家裡了。秀芬、秀琳兩人幫忙他租了間小套房，曾經輾轉住過朴子，也住過嘉義市市區，後來還是回到了太保的另一個村莊，找棟老舊公寓，用剩下的補償金買下一間約莫六坪的小套房，開始直至今日、二十年的獨居生活。

---

1 蔡水抱，小再修三歲的弟弟。

2 劉峯松，李筱峯，《臺灣歷史閱覽》（臺北：自立晚報，一九九九），頁一七一至一七二。

3 頇顢，音讀 hân-bān，形容人愚笨、遲鈍、笨拙、沒有才能。參考教育部臺灣閩南語常用詞典，https://sutian.moe.edu.tw/zh-hant/su/9282/。

4 呂水閣，男，一九一七年生，臺南白河人，因臺南工委會案，判刑十年。臺灣轉型正義資料庫，〈呂水閣〉，https://twtjcdb.nhrm.gov.tw/Search/Detail/14033。

5 陳棠梨，男，一九三一年生，嘉義人，因羅東紙廠案被捕，被捕時二十四歲，判刑十五年。臺灣轉型正義資料庫，https://twtjcdb.nhrm.gov.tw/Search/Detail/17228。

6 劉漢卿，菲律賓華僑，福建晉江人，一九三〇生，後來移民菲律賓。十六歲那年到香港讀書，那是一所共產黨地下組織所辦理的學校，念了兩年，轉而到菲律賓宿霧投靠父親，同時轉學，也是共產黨地下組織開辦的學校，所以他在求學階段就參與共產黨地下組織。蔡寬裕口述，林瑞珠記錄，〈【與國民黨特務纏鬥（三）】白色恐怖監獄裡的間諜與越獄風雲〉，《上報》，二〇一九年十二月十三日，https://www.upmedia.mg/news_info.php?SerialNo=76975；杜晉軒，〈專訪蔡勝添：首位白色恐怖冤牢下的馬國僑生〉，《關鍵評論網》，二〇一八年一月二十九日，https://www.thenewslens.com/article/75856。

7 辜金良，男，一九一五年生，嘉義縣朴子人，被捕時三十六歲，判刑十二年。臺灣轉型正義資料庫，〈辜金良〉，https://twtjcdb.nhrm.gov.tw/Search/Detail/15445。

8 許金玉，女，出生於一九二二年，被捕時三十歲，為北斗郵局郵務佐，判刑十五年。參考曾文珍導演，《春天—許金玉的故事》（二〇〇二）；陳柏謙，〈臺灣郵電工人與他們的《野草》：紀念郵電歸班大遊行七十週年〉，《苦勞網》，二〇一九年三月二十五日，https://www.coolloud.org.tw/node/92572。

9 計梅真，江蘇人，牽涉「臺北郵電總支部案」，於一九五〇年九月七日判處死刑。臺灣轉型正義資料庫，〈計梅真〉，https://twtjcdb.nhrm.gov.tw/Search/Detail/22776。

第六章——霧散後的春天

老同學

曾經在白色恐怖年代中受難的人，後來都會互稱彼此為「老同學」，並非因為他們真的曾經就讀於同一所學校，而是他們戲稱都到「綠島大學」讀過書，他們都是在綠島「求學」時的同窗。甚或又有一說是，許多受難者往往是入獄後，才有機會在獄中和其他對馬克思主義研究更深的獄友交流、學習，就像再修當年在軍人監獄，也曾聽同房的上校陳行中講過社會主義理論，甚至有些人是因在獄中繼續學習，才更加堅定自己作為左翼的決心。

領取補償金後的再修，繼續在互助會幫忙嘉南分會的事務。互助會一年在臺中開一次代表大會，地方分會的開會次數則比較頻繁。再修平時便幫忙繕打會議通知，並寄給分會的各會員，聯繫嘉南地區互助會的老同學們，也常常和他們見見面、聯絡感情。老同學們大多在世時，再修算是相當活躍的一員。

互助會每年會舉辦出遊行程，聯絡感情，例如再修六十五歲那年，嘉南分會的老同學們一起去臺南麻豆，留下一些和其他老同學的合影。二〇〇三年，再修七十一歲時，還和老同學們一起再訪綠島。互助會也曾經舉辦過幾次中國旅遊，再修因此有機會到萬里長城、西湖等風景名勝。

和再修較熟稔的老同學大部分都是嘉南地區的難友，或是後來重新聯繫上的同案人，嘉農時的同班同學江槐村便是其中一例。江槐村當時判刑十三年，出獄後幸運找到北部的穩定工作，後來便定居於臺北板橋。再修七十幾歲身體仍硬朗時，也曾北上找過他敘舊幾次。[1]

高一時同班的陳棠梨，雖然和再修並不同案，但退休後也回到嘉義生活，住在八掌溪南邊的民生南路上。再修也時常騎機車或搭公車去找他談天。然而陳棠梨也在幾年前過世了。

當時自首的同班同學黃萬斛，後來一直在雲林縣的水林國小任職。賴命郁則在臺北的糧食局工作多年，定居臺北，再修也有去找過他幾次，但賴命郁也在前幾年過世了。

其他嘉工的同案人，大部分都是參與互助會後才比較有聯絡。馬再騰後來在高雄賣牛肉麵多年，幾年前在家中不小心跌倒時，再修還去高雄的聖功醫院探望過他，但後來聽說有些小中風，身體狀況也不是很好。陳榮華畢業後因為其化工的背景，找工作比較順利，一直待在臺塑石化工作，退休後仍住在嘉義。而黃至超雖然並非同案，但當時組織也有些聯繫，自被捕後近二十五年才出獄，老年時與家人同住在臺南縣後壁一帶。

再修出獄後最親近的難友蘇明哲，年輕時便患有肺結核，即便一直有吃藥控制，但在再修從屏東工作回來家鄉的那陣子，六十五歲的蘇明哲也因病過世了。再修難免有所感慨，感慨知音難尋，偏偏知音又過世了。

以政治犯來講，這些人的情況並不是少見的事。因為害怕別人發現其政治犯的身分會被疏遠，而對於自己的過去多所以隱瞞，或含糊其詞地帶過，因此出獄後難交知己。往往還是跟與自己有同樣經歷的難友比較要好，甚至連與自己的親人都不見得非常親密。再修自己也說，出獄後鮮少在工作上再結交新的朋友，常往來的朋友還是那幾個高中同學、在獄中認識的老同學，或後來在互助會裡認識的朋友。面對其他人，再修總覺得「沒什麼話好說」、「不知道要聊什麼」，但往往只要和老同學一聚首，或一通電話，聊些其他老同學們的近況、身體狀況等，一聊便可以聊好久好久。

未竟的少年夢

其實，再修對於「補償」二字一直耿耿於懷。他不解為何明明是政府未按照正當程序審訊的白色恐怖案件，卻不能使用代表政府有做錯事情的「賠償」字眼，而是迂迴於相對中立的「補償」二字。

另一方面，相比於一九九五年便通過的《二二八事件處理及賠償條例》[2]採取相對寬鬆的認定標準，只要二二八事件當時有受牽連、失蹤、遭槍決的人都可以申請。然而白色恐怖補償金的申請，適用的條文為《戒嚴時期不當叛亂暨匪諜審判案件補償條例》，[3]一九九八年公布執行時的版本裡言明，「經認定為叛亂犯或匪諜確有實據者不得申請補償」，換句話說，該法條限制必須要是被冤枉、抓錯人、被陷害等情節的「冤假錯案者」才可以申請補償金。不管是不當審判、祕密審訊，還是刑求逼供，只要是當年曾經參與過外圍組織甚至地下黨的人，這些都是罪有應得的政治犯。

然而，通貨膨脹、失業率的飆升、經濟不景氣，乃至於不公的地主佃農階級制度、二二八事件，這些難道都不足以構成當年這些年輕人起身抗爭的因素嗎？難道被突來的國民黨政權欺壓，並見證二二八事件時體制內改革的無望，還要繼續忍下去嗎？

二二八事件後，這些想要改變的年輕人，唯一可寄望、同時也是當時看來最有希望擺脫惡質國民黨政府的途徑，便是加入地下組織共產黨。對如今臺灣社會來說，這似乎是有些荒謬、難以想像的景況，但不妨先停下來想想時代背景的不同——一九五〇年代的共產黨和現今的中國共產黨其實是非常不一樣的。若細細去推敲，揣想七十年前這些抱持著真摯理想的慘綠少年，究竟經歷了些什麼、在擔心些什麼、又在迷惘些什麼？如此，也許就能更接近、更理解這些少年的夢一點。

因為當時的補償制度如此，一九九〇年代初期的平反階段，有些受難者選擇閃爍其詞，或怕影響到其他難友領取補償金的權益，多半沒有承認自己「入黨」，也不會主動提起其他老同學們的組織情形，因此後來人們在理解當時的組織情形反而有所不足。

再修以往也會顧左右而言他，說自己「只是參加讀書會、讀點左傾的書籍而已」。雖然會提到同學蔡志愿借他書看，但關於與江槐村、蘇明哲三人的小組，甚至後來寫自傳、在實習菜圃對蔡志愿宣誓完成入黨程序的事情，是在後來幾年才慢慢地詳細道來。畢竟，在高壓的反共氛圍下，臺灣「消失的左眼」需要慢慢地尋回來。

再修曾經請自己的孫女容瑛用電腦打下「忍得清貧，耐得寂寞」這幾個字，並印出來貼在自己房間的牆壁上，他說這是他老年後的座右銘，希望以此自勉，直至今日，那張紙仍在牆上緊緊貼著。「忍得清貧」對於一向堅持社會主義思想與路線、對生活沒有過多物質欲望的再修，並不是件難事，然而「耐得寂寞」四字，卻有些莫可奈何的味道。

在自己的小小套房獨居二十年的再修，偶爾會戲稱自己也是住「好窄」（取「豪宅」的諧音），會有些嘆惋為何自己的婚姻如此不合，致使晚年不能在從小到大成長的祖厝安養天年，而是被趕出家門、獨自在外賃居作個獨居老人。但六坪大左右的套房，應有盡有，加上本身不太會埋怨些什麼的個性，再修也會安慰自己算是「麻雀雖小，五臟俱全」。

八十五歲前的再修身體仍相當硬朗，規律固定的運動習慣，偶爾出遠門去找老同學們聊天，生活也過得相當簡單。每天用熱水沖煮麥片便成了早餐，燙個青菜、蒸個白飯，再切些女兒們拿來的水果，午餐、晚餐便也可以如此解決，三餐便自己在廚房料理些簡單菜餚。

二〇一八年，八十六歲的再修，一天騎腳踏車去附近採買生活用品時，出了場車禍，傷勢說重不重，說輕不也輕。肋骨斷了幾根後，為了避免肺積水，在加護病房待了幾天。出院後，即便生活起居仍舊稍微可以自理，卻造成其他身體機能急速退化。隔年，便開始每天到附近的日間照護中心報到。

二〇一九年，八十七歲高齡的再修，回憶起十年的牢獄之災，回憶起出獄後因國家威權的持續監控而導致的低度就業，自己被迫要不斷移動且從事非關自己抱負理想的臨時性工作，甚至失去原先一個穩定的公家機關飯碗。雖然無奈難免，但不怨天尤人的個性，一方面覺得這就是「命運」，另一方面也仍舊覺得，若是因為理想使工作受阻，他也不會後悔，因為他的左翼思想就是他的理想。

「我一生信仰社會主義。」其實，再修不用言說，早年的行動與多年到老的生活方式，便是最貼切的印證。清貧與寂寞，再修篤定地走著，在左翼的道路上，即便老同學們多已凋零，但這條道路不會是踽踽獨行。

春天的搖籃

互助會成立之初，每年會在以前的馬場町刑場辦兩次祭典，即「春祭」及「秋祭」，而馬場町的地點對照下來，就是如今的臺北河濱公園。許多高齡的成員已經凋零，互助會成員有些換成第二代子女們，因此近年來只剩一年一次、約莫辦在十月中下旬的秋祭大典了。

直至二〇一九年，近九十歲高齡的再修，每年十月底仍堅持搭四、五個小時的遊覽車，到馬場町參加秋祭。會場上，有幾首固定唱的歌，其中一首便是當時在軍人監獄，每有難友被點到名執行槍決的清晨，大家便會唱起的訣別歌《安息歌》。[4] 歌詞是這樣唱著的：「安息吧，死難的同志，別再為祖國擔憂，你流的血照亮著路，我們會繼續前走……」彷彿從記憶的最深處悠然響起，在難友們之間共鳴起。

再修又唱了起來，歌聲有些顫抖，眼神卻直勾勾地望著遠方。有點像自語，又有點像對著當年的「老同學」低喃，一遍又一遍，即便只有一位聽眾，他仍堅持要唱到完美。

冬天有淒涼的風，卻是春天的搖籃。七十年後，路微微亮了，我們會繼續前走。

---

1 作者於二〇二一年聯繫上江槐村先生，本來想北上拜訪，但他因癌症接受化療，身體狀況較不穩定，因此多次向隅。江槐村先生於二〇二一年過世。

2 參考全國法規資料庫，〈二二八事件處理及賠償條例〉，https://law.moj.gov.tw/LawClass/LawAll.aspx?pcode=I0020013。

3 一九九八年公布的版本，第八條即明訂「有下列情形之一者，不得申請補償：一、已依法受領冤獄賠償或二二八事件補償之受裁判者。二、經認定為叛亂犯或匪諜確有實據者。」，二〇〇六年才修正為「依現行法律或證據法則審查，經認定觸犯內亂罪、外患罪確有實據者。」參考全國法規資料庫，《戒嚴時期不當叛亂暨匪諜審判案件補償條例》，https://law.moj.gov.tw/LawClass/LawAll.aspx?pcode=F0120018；司法院法學資料檢索系統，《戒嚴時期不當叛亂暨匪諜審判案件補償條例》(民國八十七年六月十七日非現行版本)，https://law.judicial.gov.tw/FLAW/hisdata.aspx?lsid=FL000011&ldate=19980617&lser=001&ot=print。

4 歌詞全文如下：「安息吧　死難的同志／別再為祖國擔憂／你流的血　照亮著路／我們會繼續前走／你是民族的光榮／你為愛國而犧牲／冬天有淒涼的風／卻是春天的搖籃／安息吧　死難的同志／別再為祖國擔憂／你流的血　照亮著路／我們會繼續前走」此首歌廣泛流傳於國共內戰期間，然而臺灣版的歌詞原作究竟是誰仍未有定論。

嘉義高農校門口（國立嘉義大學提供）

臺灣省立嘉義農業職業學校一覽表

民國三十七年十二月　日編製

創立 中華民國八年四月二日　**校址** 嘉義市民生路一號　**每月經常費** 七三、七三九元　根據卅六年度第一學期預算列計

沿革

年份	月日	事項
民國八年	四月二日	創設成立，以山子頂嘉義公學校爲校址，定名臺灣公立嘉義農林學校；分農業森林二科，修業年限三年
	四月十八日	前總督府發表嘉義廳督學藤黑總左衛門爲首任校長
民國十年	五月十六日	藤黑總左衛門辭職，改由神川鑑藏繼任
民國十一年	四月廿八日	改名爲臺南州立嘉義農林學校
	十二月廿七日	前總督府撥給中埔鄉社口三七之十二號山林四四・二八五一甲（合市畝六四四・二七五三畝）爲本校演習林
民國十五年	四月一日	前臺南州訂定本校學則，修業年限改爲五年
民國廿年	四月廿一日	校長神川鑑藏調長宜蘭農林學校，遺缺由教導主任樋口孝繼任。
	三月廿八日	校長樋口孝辭職，遺缺由教導主任中林直俊繼任
民國廿四年	四月廿三日	前公立實業學校教導主任島內庸明調升爲臺灣公立實業學校々長同日任命爲本校々長
	一月十六日	在嘉義市下路頭收購土地一六・八二五一甲（計二四四・七九八七市畝）爲校友會農場
民國廿五年	四月一日	前臺南州修改本校學則，同日在嘉義市下路頭（即現址）開始建築新校舍
民國廿六年	四月二日	校長島內庸明辭職遺缺由臺北第一師範學校教導主任田村朋一爲校長
民國廿七年	四月廿五日	前臺南州再改本校學則
	五月十三日	廿四年一月十六日在下路頭收購之土地，被臺南州以州款收買
	七月六日	前總督府復撥給中埔鄉社口三七號之十七等二項山林計六九・九五九五甲（計一〇一七・八四五六市畝）爲本校演習林
民國廿八年	七月十三日	遷入新校舍
	十二月十五日	本校創立二十週年及新校舍全部落成舉行盛祝紀念式
	十二月廿七日	在農場附近購入旱地一甲二步餘作爲果樹園地
民國廿九年	四月六日	校長田村朋一辭職，遺缺由前總督府督學[illegible]村豊[illegible]繼任
民國卅二年	四月一日	[illegible]村校長調任臺中高等農林教授缺以西崎茂繼任
民國卅三年	十一月十九日	西崎茂校長辭職，缺由教導主任茶谷太郎兼代
民國卅四年	二月五日	調屏東農林學校々長服部正夷爲本校々長同時令免茶谷太郎兼代職務
	三月	改爲四年制
	四月	盟機轟炸學校實行疏散加工室因此受損
	十一月卅日	抗戰勝利，臺灣光復，本校接收及改爲現名，省派劉傳來代理校長，暫合併爲農業一科。
民國卅五年	十一月	劉校長因當選省參議員辭職，遺缺由教務主任蔡鵬飛暫代。
民國卅六年	二月	蔡代校長奉令免代校長職務，缺派宜蘭農職校長陳嶽吾繼任，適二・二八事起交接未果，本校遂無形陷入停頓狀態中。
民國卅六年	五月一日	省調屏東農職校長廖季清爲本校々長
	五月廿日	正式復課
	八月廿七日	呈准自卅六年度第一學期起增設森林一科，計農業森林二科。
	九月二日	修訂演習林二年經營計劃
	十一月卅日	舉行校慶第一期校刊問世
民國卅七年	七月	高級農藝科第一屆畢業
	八月	呈准自卅七年第一學期起增加園藝，農產製造二科
	十月十五日	新建教室二間落成。
	十二月	第二期校刊出版。

校地

項目	甲	市畝
校舍面積	四 五七一三	六六 五一一〇
校外建築物面積	四〇五五	五 八九九九
校內實習地	一三 五二九六	一九六 八五一六
校外實習地	九七〇八	一四 一二七八
校外實習林	一一四 二四〇五	一六六二 一二〇九
總計	一三三 七一七七	一九四五 五一一二

校內建築物

項目	市畝
辦公室	九九一八
普通教室	一 一七五二
特別教室	九四七一
大禮堂	七九八三
圖書館	六五九五
臨時教室	三七一九
宿舍	七六三六
炊事場	一六三六
浴室	一七三五

項目	市畝
乳牛及羊舍	二〇八二
作業室及稻子倉庫	三二二三
堆肥舍飼料舍豚舍	三三三〇
農夫宿舍	〇八九二
牛舍	〇六四四
肥料調製舍	〇九九一
堆肥舍	一一九〇
豚舍	〇六四四
稻採舍	〇五九五

現任教職員

職別	姓名	性別	年齡	籍貫	担任學或科職務	到校日期
校長	廖季清	男	三三	浙江金華	主持校務及英文	三六年五月一日
教務主任	郭遠之	〃	三五	江西萬載	主辦校務行政及農經歷史	三七年二月一日
訓導主任	葛德遷	〃	二八	浙江東陽	主辦訓導行政及英文	三六年五月十五日
總務主任	黃德溥	〃	五五	浙江金華	主辦總務行政及物理	三六年八月一日
實習主任	吳叔厚	〃	二七	安徽桐城	主辦實習行政及農經地理	三六年八月一日
農產製造科主任	蔣天降	〃	二七	臺灣臺南	農製科行政農業汎論農產製造	三五年一月七日
農藝科主任	朱振華	〃	二七	江蘇武進	農藝科行政實物統計遺傳	三七年八月一日
森林科主任	周茂才	〃	三一	四川峨眉	森林科行政森經，森林保護森管法規	三七年八月一日
園藝科主任	朱有壬	〃	二五	浙江義烏	園藝科行政園藝	三七年一月十五日
註冊組長	吳文相	〃	二八	福建晉江	文史註冊行政公民，國文	三七年八月一日
設備組長	唐德山	〃	五四	北平	國語設備行政	三六年四月二十四日
訓育組長	邵　黼	〃	三一	上海	公民訓育行政	三六年五月一日
管理組長	張　靜	〃	三三	江西上饒	學生管理	三七年五月二十日
体育組長	楊　雲	〃	二六	江西上饒	体育行政	三七年八月一日
校醫	楊紹熙	〃	二七	臺灣彰化	醫藥衛生行政	三六年九月一日
會計主任	楊能德	〃	二一	臺灣臺中	會計行政	三七年八月二九日
會計助理員	蕭紹堯	〃	三六	臺灣臺中	協辦會計行政	三五年一二月十二日
〃	陳松秋	〃	二五	福建[illegible]	協辦會計行政	三七年九月二十二日
人事管理員	唐漢信	〃	三一	浙江新昌	人事行政	三六年五月一日
文書組長	董季業	〃	二七	浙江新昌	主辦文稿	三七年五月十五日
庶務組長	溫翔成	〃	二九	浙江平陽	主辦庶務	三六年十月十六日
出納組長	陳連科	〃	五二	臺灣嘉義	主辦出納	三五年八月十六日
營業組長	朱有功	〃	二一	浙江義烏	主辦營業	三七年九月一日
教員	朱文泰	〃	二九	臺灣臺南	算學物理	三四年九月二五日
〃	蔣　鴻	〃	五五	浙江金華	國文	三六年八月一日
〃	成天國	〃	三〇	安徽壽縣	生理植物	三六年八月一日
〃	劉朗山	〃	五七	浙江金華	國文	三六年八月一日
〃	項延鏤	〃	二五	浙江瑞安	病虫害	三六年八月一日
〃	李仁守	〃	三〇	湖南武岡	國文	三六年八月一日
〃	陶家驊	〃	三〇	江蘇嘉定	動物畜牧	三七年一月十五日
〃	陳茂德	〃	二七	臺灣高雄	化學	三七年二月一日
〃	楊乃秀	〃	三三	河南[illegible]縣	体育	三七年一月一日
〃	陳　洵	〃	三六	江蘇無錫	國文	三七年三月一日
〃	翁嬋娟	女	二六	浙江鄞縣	化學	三七年二月一日
〃	馬日海	男	二五	福建永定	國文	三七年八月一日
〃	王銘生	〃	二九	江蘇鹽城	國文	三七年八月一日
〃	羅舜亮	〃	三三	廣東[illegible]	國文地理	三七年八月一日
〃	鄭　栢	〃	二五	浙江鎮海	造林，森林數學林學森林經理	三七年八月一日
〃	崔恒立	〃	二五	江蘇宜興	森林利用，森林數學，造林，森林經理	三七年八月一日
〃	姚維德	男	二四	上海	園藝	三七年八月一日
〃	徐桂珠	女	二六	江蘇泰縣	數學農村副業	三七年八月一日
〃	王[illegible]	〃	二四	四川江北	土[illegible]肥	三七年八月[illegible]

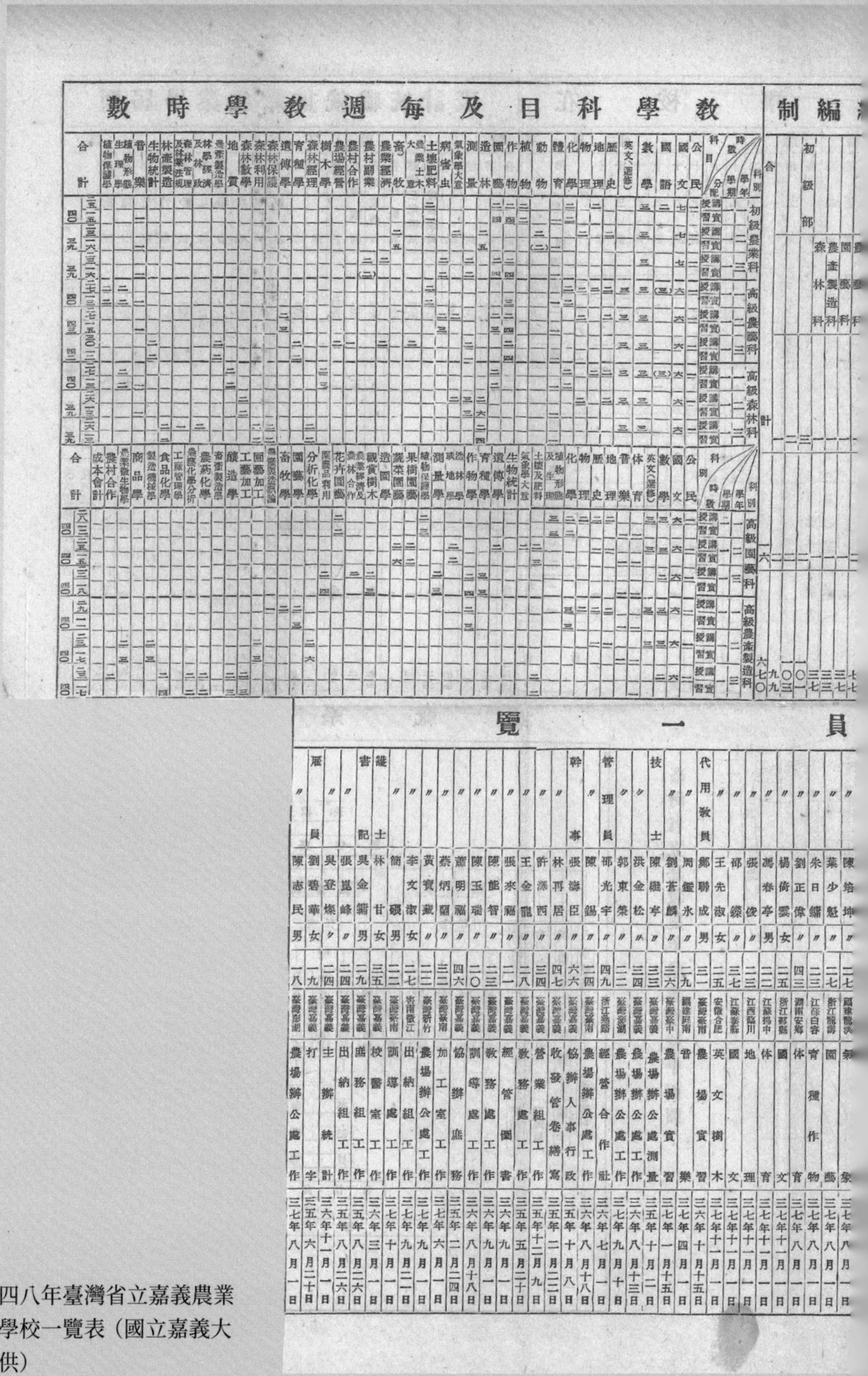

一九四八年臺灣省立嘉義農業職業學校一覽表（國立嘉義大學提供）

歷屆畢業生籍貫就職統計表

籍貫

屆別	臺南縣	嘉義市	新竹縣	新竹市	臺中縣	臺北縣	基隆市	臺東縣	高雄縣	澎湖縣	日本	江蘇	合計
第一屆至第廿四屆	八三七	二九八	一一八	二	三四三	一〇	一	二	一一三	一八	三〇〇		二〇五〇
改為省立後第一屆	八一	二九	三						二	二			一一七
改為省立後第二屆	八六	二八	三		五				一				一二三
改為省立後第三屆	九一	四八	二		二				二	三			一四八
改為省立高級第一屆	二六	六							一			一	三四
合計	一一二一	四一九	一二六	二	三五〇	一〇	一	二	一一八	二三	三〇〇	一	二四七二

就職

屆別	自營職業	農業技術員	農科教員	鄉鎮公所職員	其他機關職員	升學	經商	其他	合計
第一屆至第廿四屆	二四五	四八五	九一	四二〇	三八七	一五四	二三	二四六	二〇五〇
改為省立後第一屆	一三	八			二	九四			一一七
改為省立後第二屆	九	二		一	一	一〇三		七	一二三
改為省立後第三屆					三	一三二	五	八	一四八
改為省立高級第一屆		二一	二	一	二	一	一	六	三四
合計	二六七	五一六	九三	四二二	三九五	四八四	二八	二六七	二四七二

在校學生

級別	十二歲	十三歲	十四歲	十五歲	十六歲	十七歲	十八歲	十九歲	二十歲	廿一歲	廿二歲	合計	嘉義市	臺北市	臺南市
高農三						三	一四	九	一四	二	一	四三	九		二
高森三						一	一一	一一	六			二九	一二		
高二甲						一七	一七	一一	三			四八	一三		
高二乙					二	一三	二〇	五	一	一		四二	七		
高森二						八	九	二	二			二一	六		
高一甲				一	六	一四	一三	四				三八	五		
高一乙					八	一九	一一	一				三九	五		
高園一				四	三	一一	一五	三	一			三七	四		
高製一				一	九	一六	六	一				三三	一三		
高森一					八	一三	七	五	二	一		三七	一〇		
初三甲				六	一六	一五	一三		一			五一	一〇		
初三乙				九	九	一八	一三		一			五〇	一〇		
初二甲		三	一五	一九	八	四	二					五二	一三		
初二乙		一	一三	一三	一三	一〇	三					五二	一四		
初一甲	四	一〇	一九	九	七							四九	二四	一	一
初一乙	五	一二	二四	七	三							五〇	一八	一	
合計	九	二五	七一	六八	九三	一六二	一五四	五二	三二	四	一	六七〇	一七〇	二	二

系統表

- 校長
  - 校務會議
    - 教務處
      - 主任
        - 教學組 — 組長
        - 註冊組 — 組長
        - 設備組 — 組長
        - 圖書館
        - 農產製造科 — 主任
    - 事務處
      - 主任
        - 文書組 — 組長
        - 庶務組 — 組長
        - 出納組 — 組長
        - 營業組 — 組長
    - 實習農場主任 — 技士 — 管理員
    - 會計室主任 — 會計員 — 助理員
    - 校醫室 — 校醫 — 護士
    - 人事管理員室 — 人事管理員
  - 幹事
  - 書記
  - 雇員
  - 自治會
  - 學生

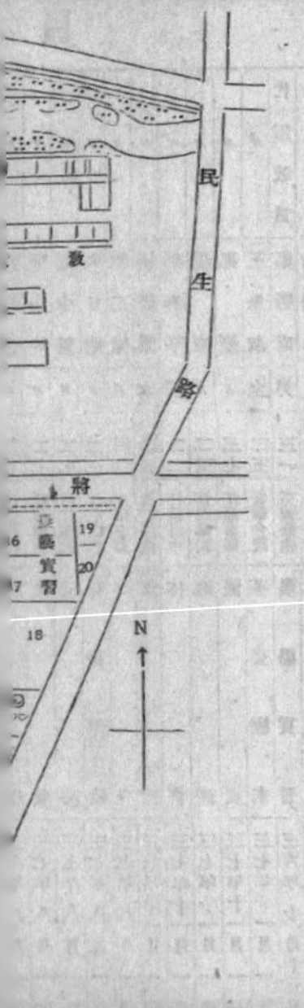

臺灣省立嘉義農業職業學校平面圖

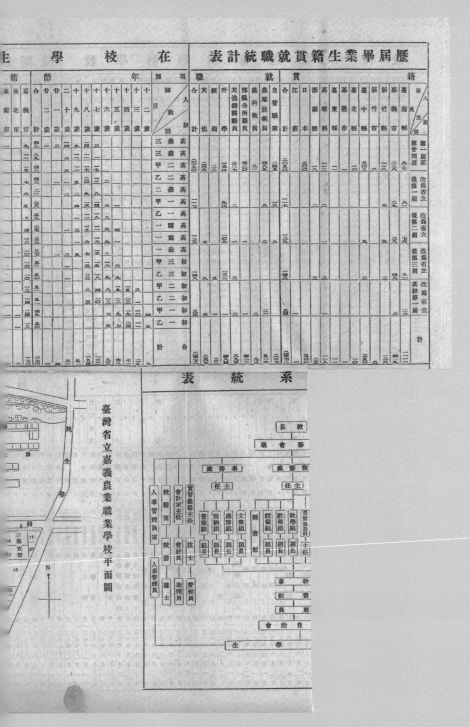

臺灣省立嘉義農業職業學校一覽表

中華民國卅七學年度

科統計表

体格檢查

年齡	身長平均(公分)	体重平均(公斤)	胸圍平均(公分)	眼疾 砂眼	眼疾 近視	耳疾	其他
十二歲	一四〇·四	三四·〇	六七·六	二	一		
十三歲	一四八·七	三六·六	六八·四	三	二		
十四歲	一五四·三	四〇·九	七一·四	一	三		
十五歲	一五八·二	四六·三	七四·九	一〇	一		
十六歲	一五九·三	四八·三	七七·四	九	八		
十七歲	一六二·四	五〇·一	八〇·六	一三	八		
十八歲	一六四·四	五一·九	八一·六	八	二		
十九歲	一六五·九	五四·五	八三·六	五	一		
二十歲	一六五·四	五四·四	八四·一	八			
廿一歲	一六八·二	五六·〇	八四·九	一	一		
合計				六〇	二七		

交通工具・家長職業・貫

貫 内地	貫 合計	家長職業 農業	工業	商業	公務員	自由業	其他	合計	交通工具 火車	自行車	徒步	合計
	四三	一八		七	八	二	八	四三	二九	五	九	四三
	二九	一一		一三	三	一	一	二九	一五		一四	二九
一	四八	二七		九	六	三	三	四八	三一	二	一五	四八
	四二	二〇	二	七	五	四	四	四二	二九	一	一二	四二
	二二	七		七	五	一	二	二二	一三	一	八	二二
	三八	一八		四	八	一	七	三八	三四		四	三八
	三九	一八		五	六	一	九	三九	三三	二	四	三九
一	三七	二二		六	五		四	三七	三一		六	三七
	三三	一三	一	八	四	一	六	三三	二〇		一三	三三
	三七	一四	二	一二	三	二	四	三七	二二	一	一四	三七
	五二	二四	二	一三	九		四	五二	三二	二	一八	五二
	五〇	二五	三	七	九	四	二	五〇	二九	二	一九	五〇
	五二	二五		一二	九		六	五二	三九	一	一二	五二
	五三	二〇	一	八	二三		一	五二	二三	二	二七	五二
一	四九	八	五	一九	五	四	八	四九	一三	一	三五	四九
二	五〇	二一	一	一五	五	一	七	五〇	一一	三	三六	五〇
四	六七〇	二九一	一七	一四九	一一三	二五	七六	六七〇	四一二	二三	二三五	六七〇

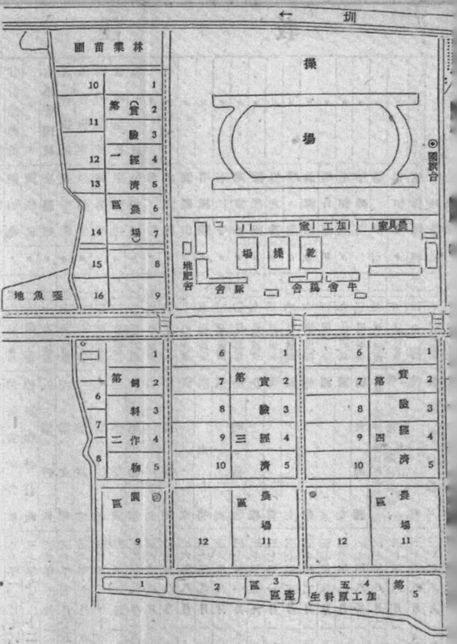

①

②

① 嘉農校園裡的辦公廳（國立嘉義大學提供）
② 嘉農的椰林大道（國立嘉義大學提供）

①

②

① 嘉農裡的噴水池與學生（國立嘉義大學提供）
② 學校禮堂（國立嘉義大學提供）

為教學使用，當時學校裡也有養牛。(國立嘉義大學提供)

①

②

① 教學用耕耘機，在再修高三時學校才購入。（國立嘉義大學提供）
② 在實習菜園裡上實作課（國立嘉義大學提供）

①

②

① 教學用的雞舍（國立嘉義大學提供）
② 貫穿嘉農校園的將軍圳及道爺圳（國立嘉義大學提供）

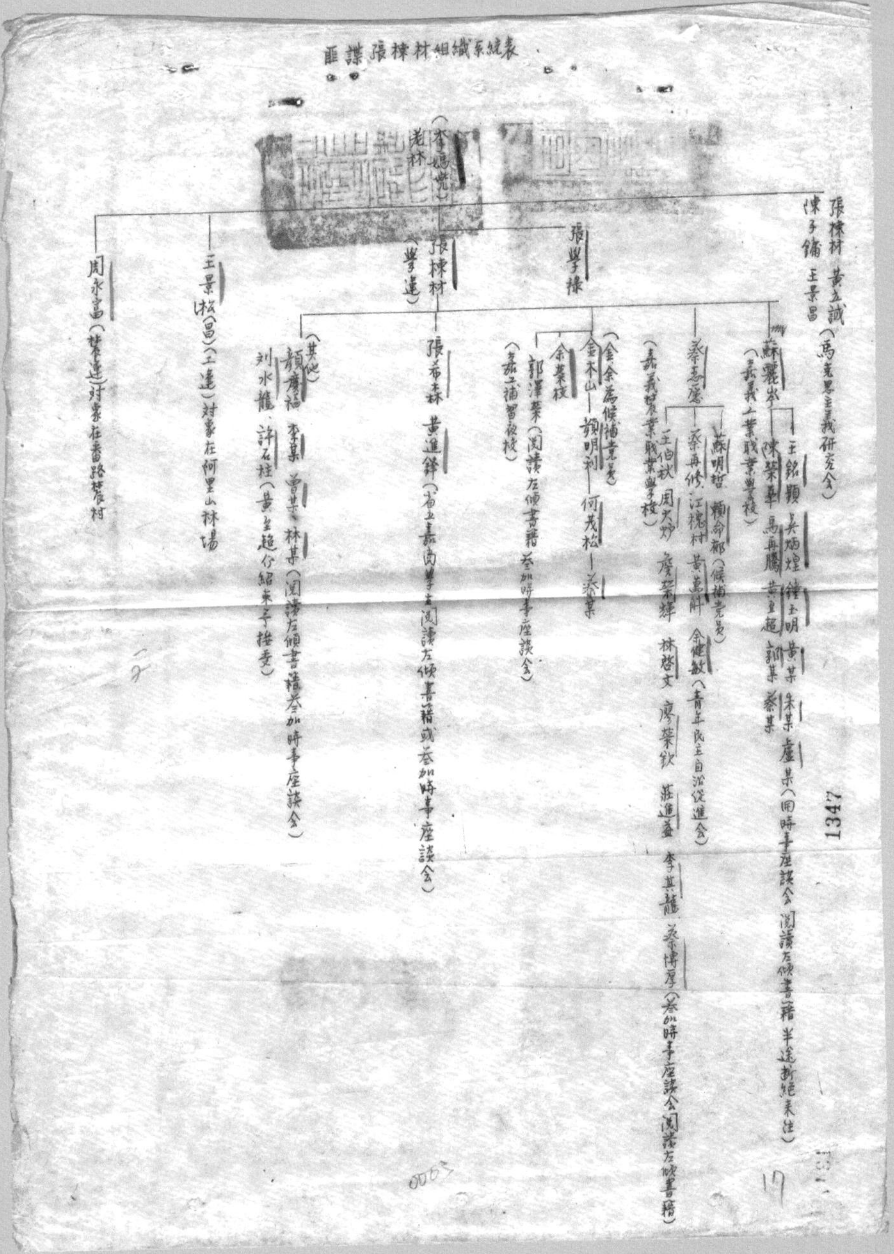

張棟材自白書中的組織系統表（國家發展委員會檔案管理局提供）

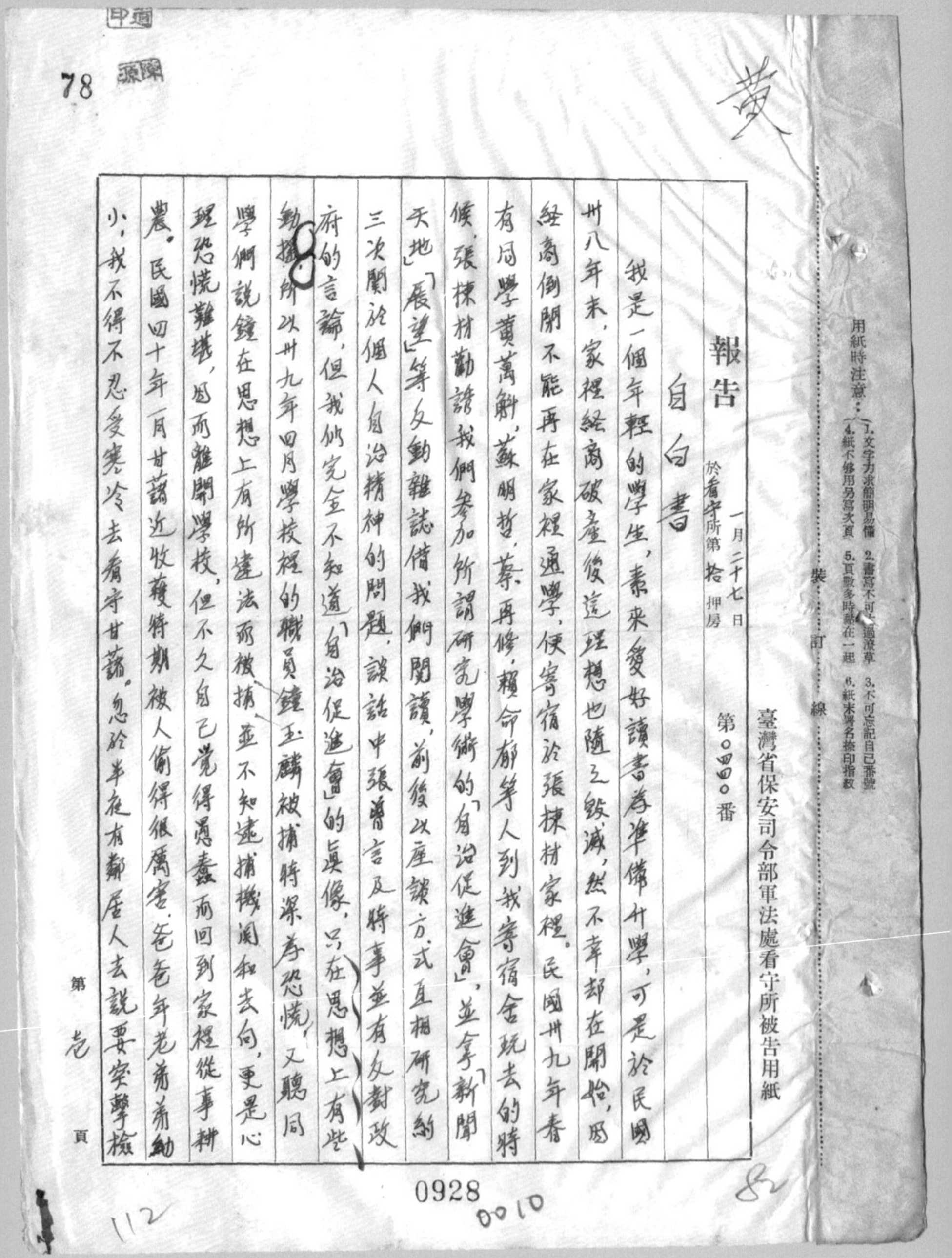

78

臺灣省保安司令部軍法處看守所被告用紙

用紙時注意：1.文字力求簡明易懂 2.書寫不可過潦草 3.不可忘記自己番號 4.紙不夠用另寫次頁 5.頁數多時黏在一起 6.紙末署名捺印指紋

裝 訂 線

第○四四○番

一月二十七日 於看守所第拾押房

報告

自白書

我是一個年輕的學生，素來愛好讀書為準備升學，可是於民國卅八年末，家裡經商破產，發達理想也隨之毀滅，然不幸卻在開始，因經商倒閉不能再在家裡過學，便寄宿於張棟材家裡。民國卅九年春有同學黃萬斛、蘇明哲、蔡再修、賴命郁等人到我寄宿舍玩去的時候，張棟材勸誘我們參加所謂研究學術的「自治促進會」，並拿「新聞天地」「展望」等反動雜誌借我們閱讀，前後以座談方式互相研究約三次關於個人自治精神的問題，談話中張曾言及時事並有反對政府的言論，但我們完全不知道「自治促進會」的真像，只在思想上有些動搖，所以卅九年四月學校裡的職員鐘玉麟被捕時深為恐慌，又聽同學們說鐘在思想上有所違法而被捕，並不知逮捕機關和去向，更是心理恐慌難堪，因而離開學校，但不久自己覺得愚蠢而回到家裡從事耕農。民國四十年一月甘藷近收穫時期被人偷得很厲害，爸爸年老弟弟幼小，我不得不忍受寒冷去看守甘藷。忽於半夜有鄰居人去說要突擊檢

第壹頁

0928

蔡志愿自白書（國家發展委員會檔案管理局提供）

臺灣省保安司令部軍法處看守所被告用紙

報告

於　所第　押房　第　番　月　日

查，那時我想幾天前因身份証損毀曾到警察分局去申請手續，又是甘藷被偷的時間，所以拿自己的身份證給他們回去受檢查。不久我看見幾把火光幌動地直向甘藷園裡來，我被好奇的心理衝動躲在樹陰下看，濃霧籠罩着整個天空，幾個穿黑衣的人尋找什麽似的用電光索照，銀灰色的光亮在靜悄的大空裡飛舞，於是心理油然恐懼又開始逃避。

從此以後因沒有經濟力量不能遠逃，多在田野間流浪，有時到偏僻的蔡進興家裡討食，沒有和其他任何人來往。民國四十年晚秋，有一天漂流到一個独家的地方，四週皆是田畑，只有那草茅悄然靜立在淒涼的月光下，冷月朦朧的照成銀灰色的神秘的秋夜。我凝視那睡着般的草茅，發見庭前的竹桿上有女人的衣裳晒着月亮。「假使我是一個女人？」我心裡這樣想；也許不會遭遇如此的不幸，我又憶想往時為了慶祝蔣公當選中國第一位大總統，學校裡舉行化裝遊行，特化裝女人曾獲得同學們的稱讚，現在頭髮這麽長不敢去理髮，要是穿上那女人的衣裳化裝鄉村姑娘，在鄉間徘徊豈不是很方便，躊躇

80

臺灣省保安司令部軍法處看守所被告用紙

報告

於　所第　押房　月　日　第　番

了好久，終於決定偷兩件化裝女人。到今自己也不曉得這是一種心裡變態，或是偶然的心裡作用。頭髮慢慢地長了，恰好是冬天似如鄉村姑娘始終沒離開過包巾，一直到翌年(四十二年)四月已有女學生那麼長了。鄉村裡一般女孩子都有燙髮，若是自己沒燙髮會被外人注目，尤其頭髮長得可以燙的程度，所以想到附近的理髮院去燙髮，但恐怕被認得出是男人化裝的，雖然化裝得完全像一個女人，惟粗嚕的聲音沒有辦法改變，自己再三思索的結果裝做啞吧。

　春風暖和地吹着，碧藍的大空沒一點兒雲絲，我踏着沉重的腳步走向理髮院，裡面有二個女孩子正在燙，還有幾個她們的同伴在那裡和理髮師談天。我踏進理髮室便脫掉包巾，她們已曉得是顧客開口就問要燙什麼樣子的，我裝着似乎懂得她的意思手指那正燙着的女孩子。「她是一個啞吧哩！」其中的一個驚駭地說道。頓時十幾顆亮晶晶的眼光直掃射我的身上，她們的視線充溢着好奇；她們的臉兒浮顯着同情。「這麼漂亮的女孩子是個啞吧，實在太可憐了！」那燙髮師看着

114

0012

84

臺灣省保安司令部軍法處看守所被告用紙

報告

月 日 於看守所第 拾 押房 第 番

我又望了望她們嘆口氣說道。她們以為我是真正的啞女孩子，便開始毫無客氣的批判，從頭髮的粗黑談到面貌，又從眼睛的動人談到行動。這時我忍不住要笑出來，可是被一種恐懼的，敏感的理智控制住，不敢笑出聲音。「她大概懂得我們的話，妳看她微笑着呢？」那正燙的女孩木視我的臉兒說。「不，她那裡聽得懂我們的話，啞吧善看別人的行動，她看我們談笑也隨着笑，」燙髮師儼然說服那女孩的疑問。就在這樣緊張的空氣下燙好髮，她們一點沒有疑惑是男人化裝的。從此行動更方便了，遇到鄰居人也辨別不出是我，只要有一個菜籃便可在田野到處浪漂，視大自然如自己的家鄉，過黯淡，愚昧的漂流生活。於民國四十一年九月十六日早晨，忍不住飢餓的襲擊到蔡家乞食而被捕。

被捕後據解釋始知道「自治促進會」的真像，是共匪利用青年們智識的淺薄，引誘無意識中參加類似學術研究的組織，然後意圖做為牠們的犧牲品，此時才恍然大悟自己也是被初步引誘的不幸者，其他同學亦是。在逃避中常覺得自己的愚笨，但受「被捕後不知去向」的

82

臺灣省保安司令部軍法處看守所被告用紙

報告

於　月　日　所第　押房　第　番

莫明的恐懼心理抑制，不敢和人見面談吐內心的苦悶。又聽說在四十年秋冬有段自首期間，政府寬諒辦理迷入歧途的青年們，使他們有自新的機會，從毀滅的邊緣裡重獲自由的呼吸。可恨錯之不及，這是被捕後始聽到的話。共匪如此殘酷建立俄帝的鬼儡政權，做一個自由中國的青年是不能忽視的，尤其曾受愚弄的我們，此恨怎能解消，我寧願拋棄個人的一切為中華民族的生存，為神聖的反共抗俄所獻身効勞。

從毀滅裡澈底悔悟的我，是不是還有為國家効勞的機會呢?!我是一個純潔的青年，我痛恨共匪的情緒是非這枝筆所能表現的。一個無意識迷入歧途的青年，他的遭遇是多麼的不幸，醒悟後他的心情是何等的難過，苦悶，痛恨……噢！我記住我還有一個同學賴命鄉，和我過去一樣愚笨的逃避，我恨不得化成隻小鳥飛到他的頭上告訴他：「醒來吧！朋友，我們是被弄的，別墮落，快快醒來吧！朝向光明的前程」可是，有什麼辦法？每天只在牢裡煩恨。「一失足成千古恨」！但我還有為國家効勞的活力的啊！國家需要青年，特代更需要青年在反共抗俄的大時

第　頁

116　0932　0014 86

83

臺灣省保安司令部軍法處看守所被告用紙

報告

於　月　日　所第　押房　第　番

代裡，難道我不能發揮一份反共抗俄的力量嗎？不的，我的確能集中全部精力貢獻給這偉大的事業，然而「你痛下決心卻沒有機會」，想到這裡一股熱血直衝上腦門，在腦海奔騰，翻滾……我只痛恨共匪，我不懂牠們的什麼，要是政府能考慮一個辦法，把這些無意識迷入歧途的青年們貫徹正確的思想，然後給他們有個報効的機會，那麼我相信這効果一定是很大的，因他們曾嘗試過共匪的殘踏和摧毀，他們將能獻身効勞，爭取反共抗俄最後的勝利!!

謹呈

班長　轉呈

所員

所長　沈子誠印

法官

處長

右自白人　蔡志應　上

第　頁

0933

0015　87

117

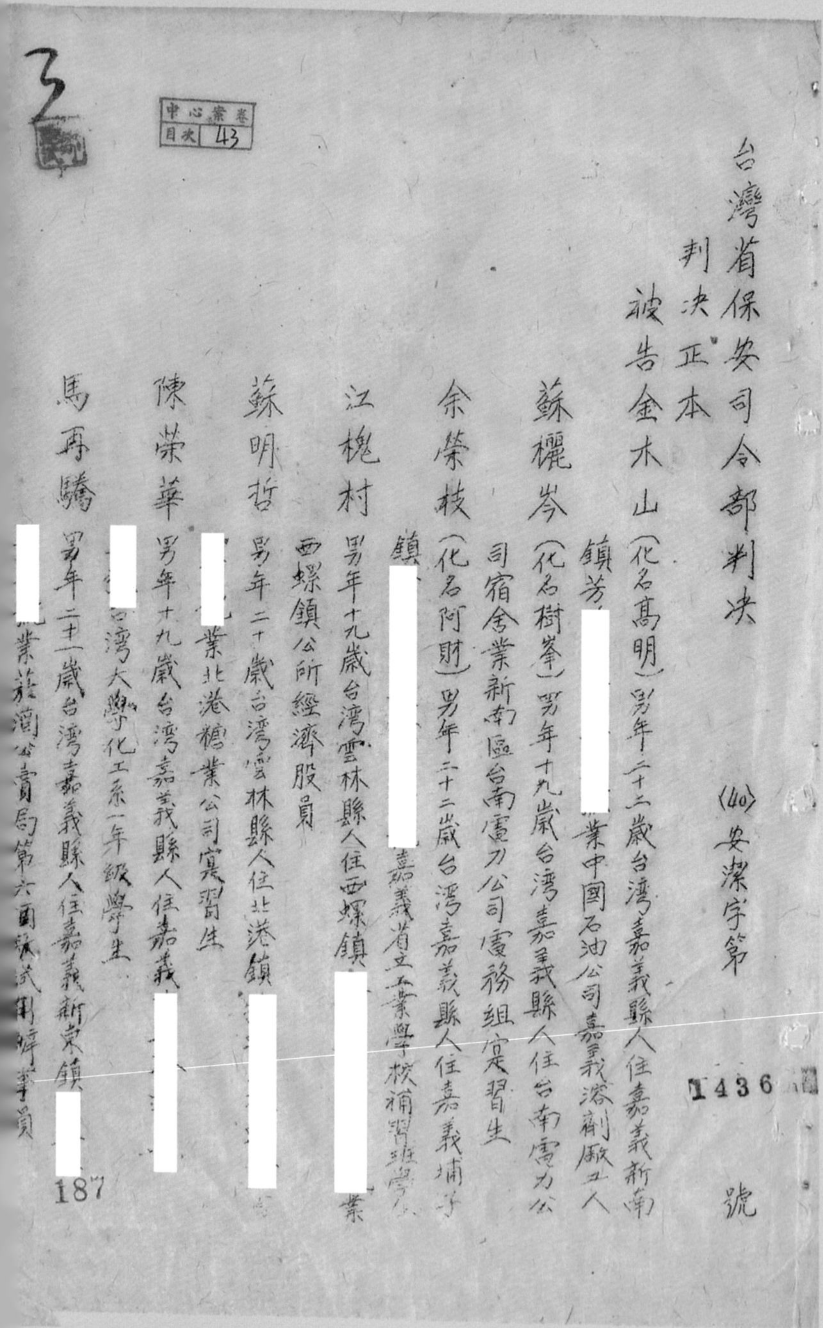

中心檔卷
目次 43

台灣省保安司令部判決　（40）安潔字第1436號

判決正本

被告金木山（化名高明）男年二十二歲台灣嘉義縣人住嘉義新南鎮芳[redacted]業中國石油公司嘉義溶劑廠工人

蘇欐岑（化名樹峯）男年十九歲台灣嘉義縣人住台南電力公司宿舍業新南區台南電力公司電務組實習生

余榮枝（化名阿財）男年二十二歲台灣嘉義縣人住嘉義埔子鎮[redacted]嘉義省立工業學校補習班學生

江槐村　男年十九歲台灣雲林縣人住西螺鎮[redacted]業西螺鎮公所經濟股員

蘇明哲　男年二十歲台灣雲林縣人住北港鎮[redacted]業北港糖業公司實習生

陳榮華　男年十九歲台灣嘉義縣人住嘉義[redacted]台灣大學化工系一年級學生

馬再驕　男年二十一歲台灣嘉義縣人住嘉義新東鎮[redacted]業菸酒公賣局第六廠試用辦事員

187

多年後再修才拿到自己的判決書（國家發展委員會檔案管理局提供）

郭聰輝 男年廿九歲台灣嘉義縣人住嘉義新港鎮[redacted]
[redacted]嘉義省立工校三年級學生

蔡再修 男年十九歲台灣嘉義縣人住太保鄉[redacted]
[redacted]業嘉義太保水上鄉公所民政股土地鑑證

顏慶福 男年二十四歲台灣嘉義縣人住中埔鄉[redacted]
代書

郭澤榮 男年二十五歲台灣嘉義縣人住興南鎮[redacted]
職業公賣局嘉義鹽廠實習生

右被告等因叛亂案件經本部合議審理判決如左

主文

金木山蘇欐岑意圖以非法之方法顛覆政府而着手實
行各處死刑各褫奪公權終身其全部財產除酌留其家
屬必需生活費用外沒收
余榮枝江槐村參加叛亂組織各處有期徒刑十三年各
褫奪公權八年
蘇明哲陳榮華馬再騰郭聰輝蔡再修參加叛亂組織各

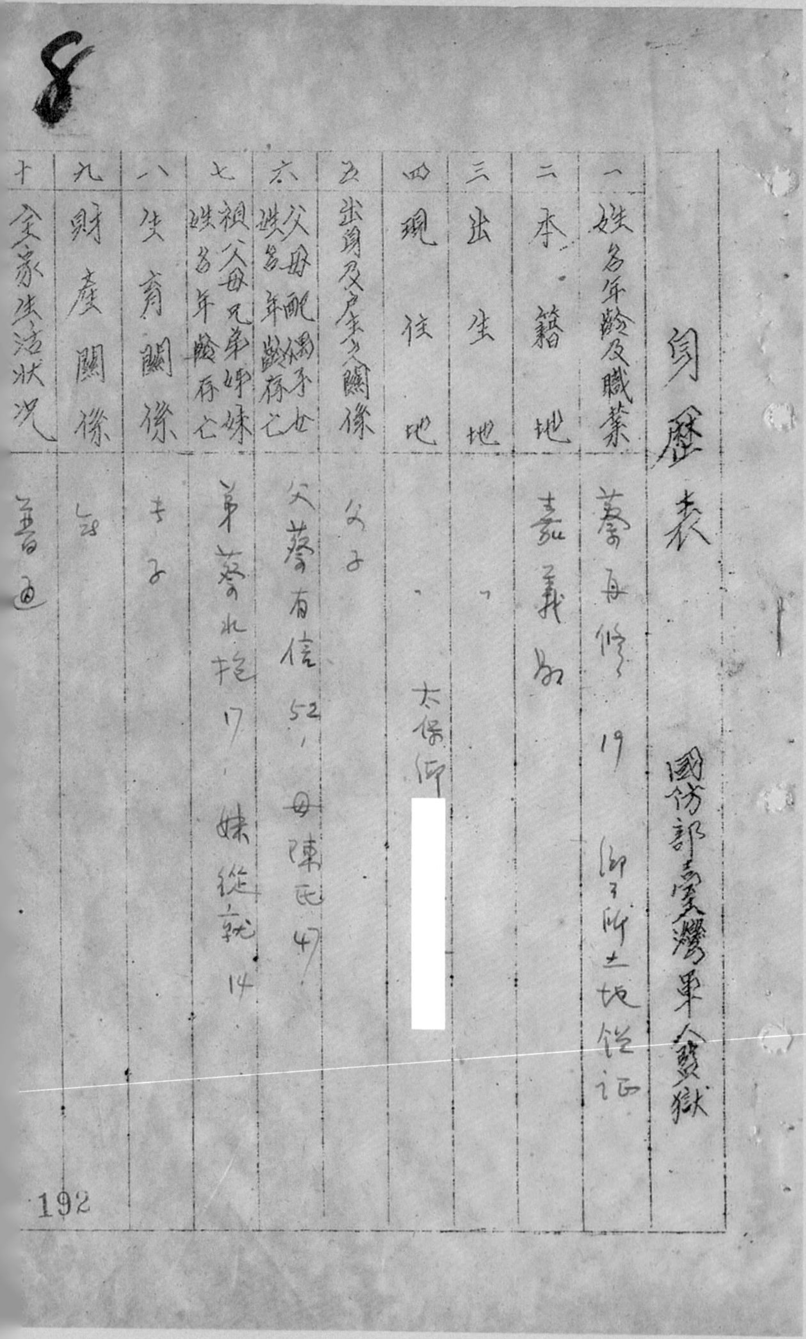

8

身歷表

國防部臺灣軍人監獄

一 姓名年齡及職業	蔡再修 19 鄉公所土地登記
二 本籍地	嘉義縣
三 出生地	〃
四 現住地	〃 太保鄉 [redacted]
五 出身及戶長之關係	父子
六 父母配偶子女姓名年齡存亡	父蔡有信 52、母陳氏 47
七 祖父母兄弟姊妹姓名年齡存亡	弟蔡水枹 17、妹從就 14
八 生育關係	長子
九 財產關係	無
十 全家生活狀況	普通

192

再修於獄中的身歷表（國家發展委員會檔案管理局提供）

十一 宗教及教育程度	[illegible]
十二 前科	無
十三 嗜好	無
十四 本人性情素行對于家族與近鄰之感情	
十五 父母兄弟配偶之素行	
十六 家庭之良否	
十七 余家與親族故友及近鄰之交際狀況	
十八 近鄰對于其家之批評	
十九 出獄後之居處及承受人之姓名職業年齡住址	
二十 其他參考事實	

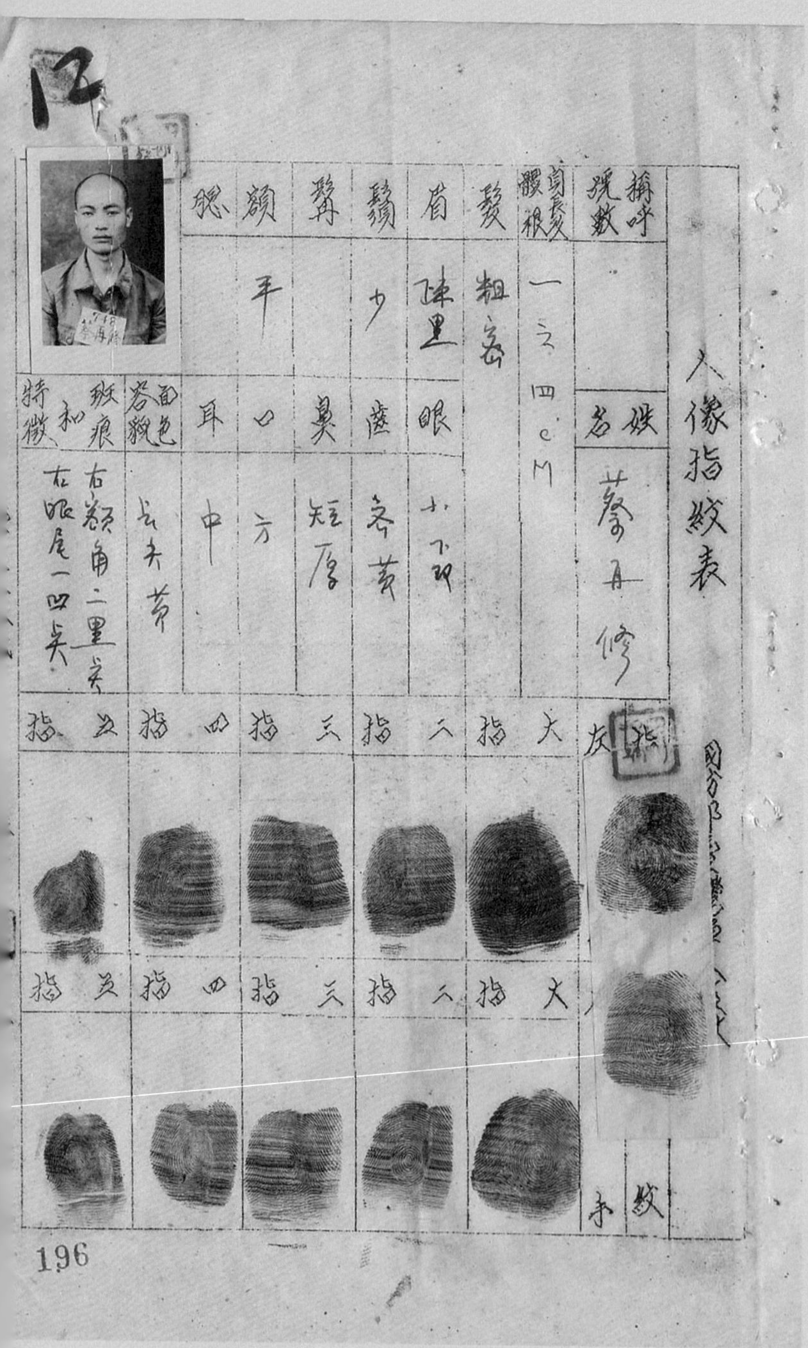

再修於獄中的人像指紋表（國家發展委員會檔案管理局提供）

書信表

國防部臺灣軍人監獄

稱呼號數	姓名	監獄長許可發寄收信年月日	發信及受信號數	摘要	發信或受信者之姓名及與本人之關係	廢棄年月日	摘放

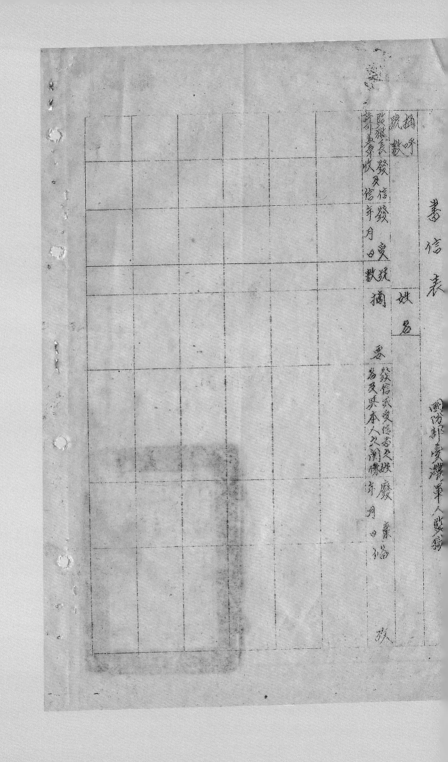

放核表

欄位	內容
號數	2364
姓名	蔡再修
化名或代名	
別號	
性別	男
籍貫	台灣嘉義
出生	民21.2.26.
職業	公務員
特徵	
特長	
履歷：學歷	國民學校畢業
履歷：經歷	嘉義縣水上鄉公所職員
通訊處：臨時	嘉義縣太保鄉[redacted]
通訊處：永久	
專能	
偵查審判執行情形	40、1、5、由前保安司令部拘押於嘉義警察局1、8、送台北前保安司令部軍法處判處有期徒刑十年于40、2、4、移送本監執行。
指紋	
照片	
罪名	參加叛亂組織
刑名及刑期	有期徒刑十年
刑期起算日	40.5.9.
羈押日期	40.1.5.
執行期滿日	50.1.4.
教誨教育經過	願意接受感化教育
教化心得	信仰三民主義擁護領袖

209

再修出獄時的放核表、保證書、志願調查表、開釋證明書
(國家發展委員會檔案管理局提供)

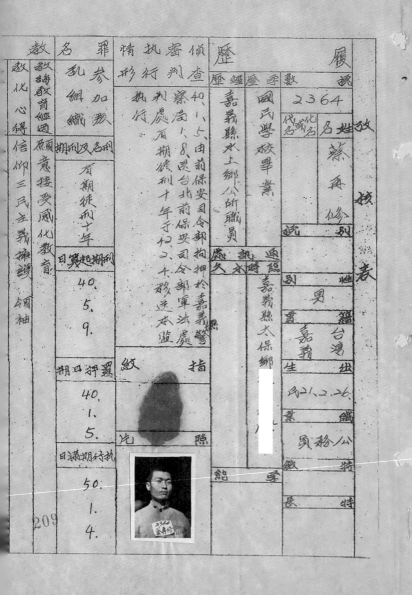

前後

志願	就業方式	其他
以農業維生	依賴家庭扶助	

家庭狀況

稱謂	姓名	年齡	籍貫	職業	住址	服務機關或行店	在台/離台
父	蔡有信	六〇	臺灣	農	[redacted]		在
母	蔡偷罔	五六	〃	家務	〃		〃
弟	蔡木杞	二六	〃	農	〃		〃
妹	蔡秋鏘	二三	〃	家務	[redacted] 仔厝		〃

經濟狀況

動產	不動產	收支情形

在台社會關係

交往人物

親友

稱謂	姓名	年齡	籍貫	職業	住址	服務機關或行店	備考
友	蔡木	五八	臺灣	農	[redacted]		
〃	蔡張鈋	五三		家務	〃		

保証書

茲保得叛亂犯蔡再修壹名於執行拾年屆滿釋放後不再爲匪工作或參加非法團體反抗政府並服從政府法令接受指定工作與管教如有違背管教及隱匿匪亡與其他不法情事保証人願負責將受管教人交付當地治安機關報請處理是實。

謹 呈

國防部台灣軍人監獄

保証人 姓名 蔡木

住址 嘉義縣太保鄉[redacted]嘉太前口字[redacted]

職業 農業

姓名 蔡張鈋

住址 嘉義縣太保鄉[redacted]嘉太前口字[redacted]

職業 家庭管理

對保人 級職 [illegible] 姓名 [illegible]（蓋章）

中華民國四十九年十二月十日

附註：保証人如在机関服務應加蓋印信如係商人應註明營業執照號碼

受管教人志願調查表

中華民國49年12月18日

姓名	蘇再修	年齡	二八	籍貫	台灣嘉義
				出身	國民學校畢業
所犯案由	參加叛乱組織				
開釋後擬定詳細住址	嘉義縣[redacted]				
今後志願	從事農業				
工作未定前之生活依靠	有父兄可資援濟				
最接近之親友	友蘇木蔡振銚				

填表人 何樹崇 (印：何樹崇印)

210

注意保管
不得遺失

國防部台灣軍人監獄開釋證明書

姓名	蔡再修	性別	男	
年齡	二八	籍貫	台灣嘉義	
特徵				
裁判或送執行機關	台灣省保安司令部	罪名	叛亂	
行狀及悛悔情形	尚良			
裁判書字號	(48)安潔字第1436號	刑名	有期徒刑拾年	
刑期	褫奪公權七年	執行起訖日期	自四十年一月四日起 至五十年一月四日止	
開釋後住在所	[redacted]			
開釋後報到機關及地點	嘉義縣警察局	報到期限	五十年一月十二日	

右證明書交蔡再修收執

中華民國五十年一月五日

本證不得作為獨憑報戶籍須據有戶籍遷移聲請書方為有效

監訓字第 226 號

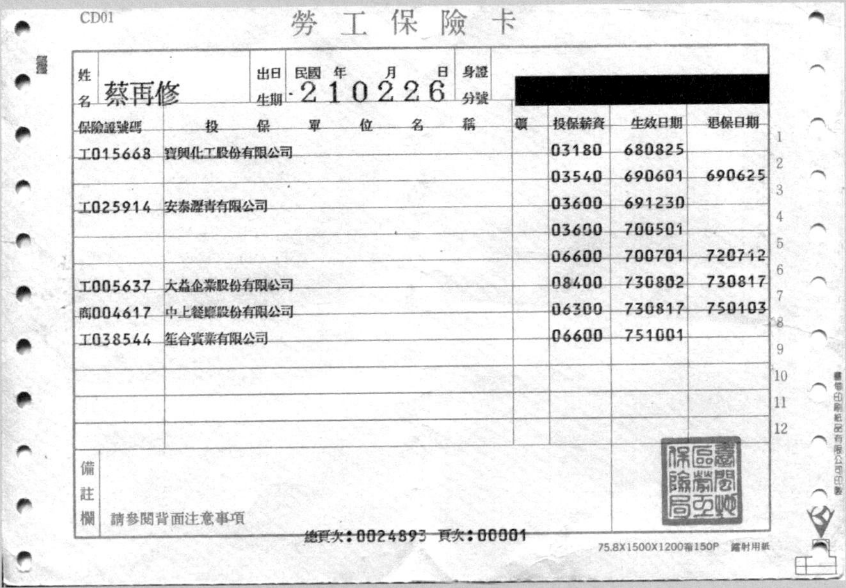

CD01

勞工保險卡

姓名	蔡再修	出生日期	民國 年 月 日 ·210226	身分證號	[redacted]		
保險證號碼	投保單位名稱	類	投保薪資	生效日期	退保日期		
工015668	寶興化工股份有限公司		03180	680825		1	
			03540	690601	690625	2	
工025914	安泰瀝青有限公司		03600	691230		3	
			03600	700501		4	
			06600	700701	720712	5	
工005637	大益企業股份有限公司		08400	730802	730817	6	
商004617	中上餐廳股份有限公司		06300	730817	750103	7	
工038544	筌合實業有限公司		06600	751001		8	
						9	
						10	
						11	
						12	

備註欄 請參閱背面注意事項

臺閩地區勞工保險局

總頁次:0024893 頁次:00001

75.8X1500X1200箱150P 霧射用紙

①

②

① 再修的勞工保險卡
② 再修攝於後潭村裡的平安宮（蔡再修提供）

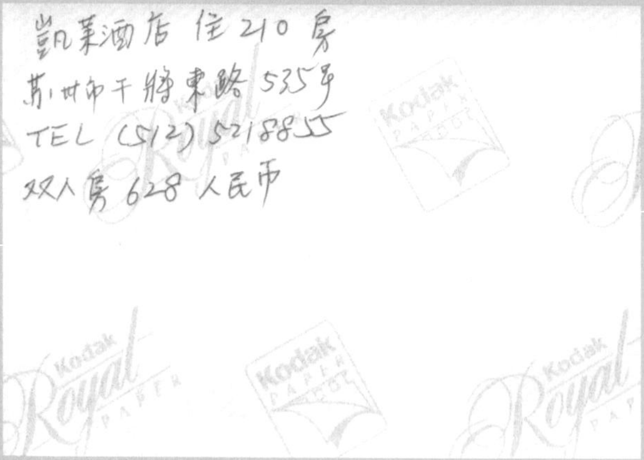

凱萊酒店 住210房
苏州市干將東路535号
TEL (512) 5218855
双人房 628 人民币

二〇一〇年，七十八歲的再修赴中國旅遊。(蔡再修提供)

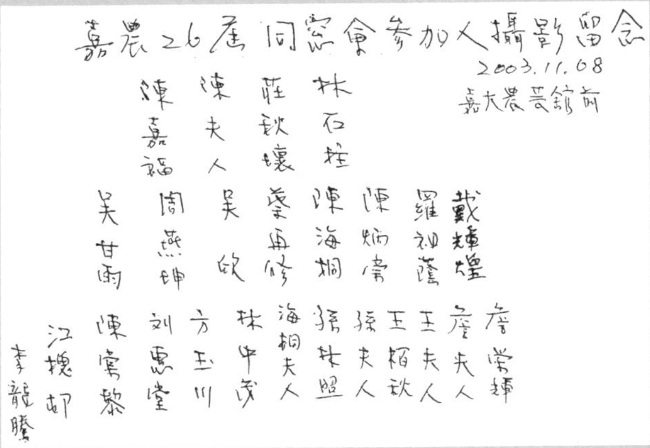

二○○三年，畢業五十多年後，再修參加嘉農同學會。（蔡再修提供）

二〇〇三年，再修與老同學重訪綠島。(蔡再修提供)

二〇〇一年，臺灣地區政治受難人互助會年度會員大會。（蔡再修提供）

①

②

① 二〇一七年十月二十一日，秋祭大典會場，馬場町紀念公園。(范容瑛攝)
② 再修獻花弔念老同學（范容瑛攝）

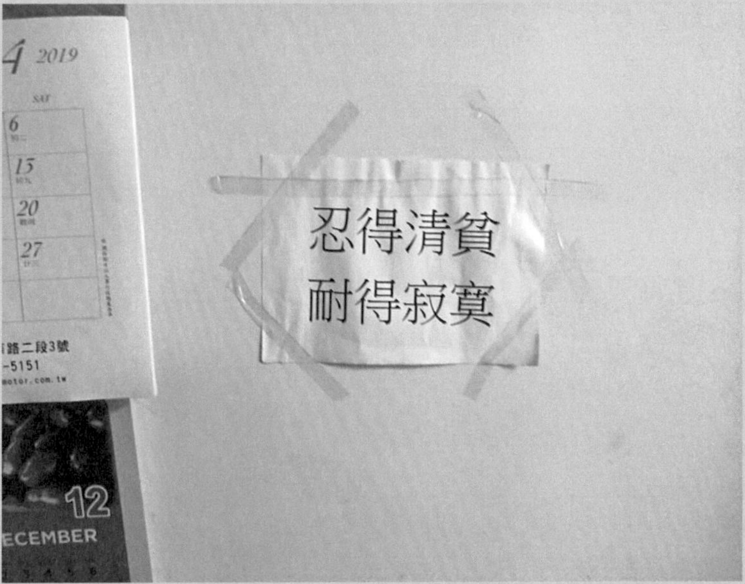

① 二〇一九年四月五日，八十七歲的再修於住處。（范容瑛攝）
② 再修於住處牆上貼的標語（范容瑛攝）

① 八十四歲的再修再訪加走埤（范容瑛攝）
② 八十七歲的再修仍保有每天運動的習慣，於住處附近的太保國小。（范容瑛攝）

附錄——蔡再修生命年表

年分	年齡	生命紀事	社會狀況
一九三三年		出生	
一九三八年	六歲	進入太保公學校就讀	
一九四二年	八歲		日本政府徵調「臺灣特別志願兵」
一九四四年	十二歲	進入東石農校初級部就讀	
一九四五年	十三歲		八月十五日，日本投降，日治時期結束。
一九四七年	十五歲	進入嘉義農業職業學校就讀	二月二十七日，二二八事件。
一九四八年	十六歲		實施肥料換穀政策 五月十日，公布《動員戡亂時期臨時條款》。
一九四九年	十七歲	高三上學期，參加讀書會，並宣誓加入「臺灣青年民主自治革命促進會」。	國民政府遷臺 五月二十日，實施戒嚴。

一九五〇年	十八歲	四月底，蔡志愿逃亡。 九月十日，至嘉義縣水上鄉公所工作。	六月二十五日，韓戰爆發。
一九五一年	十九歲	一月五日，遭逮捕，三日後送往位於臺北的臺灣省保安司令部保安處。 約二月，移送保安司令部軍法處。 四月，判決確定。 七月，移送國防部軍人監獄。 九月，移監至綠島。	二月十六日，軍法處發生逃獄事件。 六月，實施三七五減租。
一九五二年	二十歲		臺灣軍人監獄在監馬時彥叛亂案
一九五三年	二十一歲	二月四日，移監至新店軍人監獄。	
一九六一年	二十九歲	一月四日，出獄，開始顛沛流離的工作，先後在嘉義的紙廠、高雄的木業工廠工作。 結婚，回老家種田賣豆漿。	
一九六二年	三十歲	大女兒出生	
一九六五年	三十三歲	二女兒出生	
一九七二年	四十歲	離開基隆的煤炭公司工作，回到嘉義，在氣球工廠工作（此為再修記憶中的年分，詳細時間不可考）。	

一九七九年	四十七歲	離開氣球工廠，至嘉義民雄的頭橋工業區工作。	美麗島事件
一九八七年	五十五歲	到北部工作	解嚴 「臺灣地區政治受難人互助會」成立
一九九一年	五十九歲	到屏東皮蛋行工作	《動員戡亂時期臨時條款》及刑法第一百條廢止
一九九五年	六十三歲	離開屏東皮蛋行工作，回到嘉義。	
一九九七年	六十五歲	回到嘉義任大樓管理員、司機等不同工作。	
一九九八年	六十六歲		立法院通過補償條例，成立「戒嚴時期不當叛亂暨匪諜審判案件補償基金會」。
二〇〇一年	六十九歲	政治受難者補償金審核通過	
二〇〇三年	七十一歲	與老同學們重訪綠島	
二〇一四年	八十二歲	到孫女容瑛班上分享生命故事	補償基金會階段性任務結束
二〇一八年	八十六歲	促進轉型正義委員會撤銷其有罪判決	
二〇一九年	八十七歲	因身體退化的因素，開始每日到日間照護中心報到。	

附錄——另一種視角：臺灣青年民主自治革命促進會的來龍去脈

林傳凱／中山大學社會系助理教授

二〇二四年的一次座談中，作家胡淑雯提出「集中營未必是觀察集中營的好位置」的概念。這裡的意思是：政治受難者的身心都受到禁錮，未必能觀察到集中營在物理空間的全貌，乃至於整個威權體制的運作。這得到了身兼政治犯與作家身分的陳列的回應，如同他在《殘骸書》中反覆比對自身記憶與「客觀現實」間的落差，他也提到，他常常困窘於自己為何特別記得某個片段的記憶？卻又遺忘了其他記憶？他最後引用賽斯．諾特博姆（Cees Nooteboom）的說法：「記憶就像狗一樣，窩在牠自己想待的地方。」個人的記憶，彷彿是有自由意志的隱喻，明明鎔鑄著自我的親身經歷，卻又有著自我無法捉摸的形變與篩選軌跡。

當本書走過了蔡再修、范容瑛這對孫女的個人記憶後，作為附錄，我想用另一種視角勾勒蔡再修先生捲入「白色恐怖」的經過。

我主要聚焦於案件的來龍去脈。根據的材料，一方面是國家殘留的政治檔案，一方面是他參與的「臺灣青年民主自治革命促進會」的相關倖存者於二十年間的受訪紀錄。其中一些訪談由當時就讀臺大歷史所博士班的林易澄完成，一些則由當時就讀臺大社會所博士班的我完成。

這樣的視角，一方面更接近「國家的視野」，也就是政權試圖為這群「反叛者」描繪的肖像。一方面，也有助於釐清「地下的視野」。每一個參與地下組織的成員，都受到組織紀律的要求，不去過問多餘的內部關係。作為「事後之見」的優勢，就是能利用這些破碎的材料，盡可能去拼湊席捲蔡再修與其家庭的這場風暴的來龍去脈，補足時代舞臺的更多細節。

周永富

事件的開端，可以從周永富談起。

他是嘉義番路人，國校畢業後，前往日本東鐵道學校專修部就讀，畢業後則在東京鐵路局擔任雇員。一九四六年三月返臺後，曾試圖在臺北找工作，未果。對時局困惑的他，開始打聽各種局勢消息。一次，他偶然在臺北車站的「臺灣評論社」——這是一份由幾位「半山」合力創辦的左傾雜誌社——結識了同樣來訪的「老臺共」廖瑞發。

廖瑞發，蘆洲人。日本時代曾因參與「臺灣共產黨」入獄，此後靠販賣弟弟製作的木屐維生。戰後，他又參與了臺中地區左翼人士在一九四五年秋冬籌組的「人民協會」，擔任臺北負責人。一九四六年，他加入剛從對岸返臺的蔡孝乾籌組的「臺灣省工作委員會」，擔任臺北市工作委員會書記。

周永富與廖瑞發結識後，經常與他抱怨戰後的各種亂象。廖瑞發則是平靜地從現實與理論面為他一一解惑，卻未曾袒露自己的政治身分。一次一次深談後，周永

富日益感覺臺灣的一切都沒有希望了。此時，廖瑞發突然開口：「周君，失望してはいけない，こんな大きい中国の中にこの暗い一面の反面に，また明るい一面あるという事を忘れてはいけない。」（周君，你不要失望，在這一個廣大而黑暗的中國裡面，在我們所處的黑暗面之外，另外還有光明的一面。）」周永富聽完之後深感震驚，急忙追問：「廖さん，明るい一面というのは一体何を指すんですのか？」（廖君，你所說這個光明的一面，究竟是在說什麼？）[1] 此時，廖瑞發才介紹了陝西的延安有個共產黨在為窮人奮鬥，進而說明臺灣也有地下組織的存在。

一九四七年春天「二二八」前夕，周永富經由廖瑞發介紹參與了地下黨。「二二八」的軍事鎮壓過後，廖瑞發告訴周永富——由於你的友人都在故鄉，請你回故鄉嘉義努力發展吧。

「林先生」李媽兜

返鄉初期，他以務農維生。不久後，他在番路鄉農會找到一份工作，擔任金融股長一職。

回鄉後不久，他收到來自臺北的通知，告訴他會有一位「林先生」來訪。周永富清晰回憶了當天的狀況——「他來農會找我後，他手邊拿一支香菸在抽，這個菸是什麼牌，是一定的……。然後，說了一陣子話，他就問我：『你有番仔火（火柴）沒有？借我一下。』……那用番仔火，我也是用特定一個牌，他看看是什麼牌的番仔火，這樣才能確定都是自己人。」

以後他才知道，這位自稱「林先生」的人，是負責南臺灣農村活動的核心樞紐——李媽兜。

李媽兜給他的指示是：第一，多結交朋友，也就是建立群眾關係。第二，專注於以番路鄉為陣地，開展農民運動。

為了滿足第一項要求，周永富先以讀報會、識字會等名義，吸引想要學習「國語」的知識青年。至於閱讀的材料，則是李媽兜提供的左傾報刊。這可以滿足「識字學習」的目標，但通過閱讀，也可以自然而然地談起對時局的看法，並且觀察眾人的政治傾向。

此時，這個讀報會中有一位特別積極的成員，叫作王濵昌。[2]稍後，王濵昌又介紹了一位自己的國小同學張棟材加入。

這兩位成員，稍後成為了推動嘉義農、工、學運的要角。而蔡再修先生於一九四九年捲入的校內組織，也在此時埋下最初的種子。

嘉義市三人小組

張棟材，嘉義市人，住在嘉義市新南區延平街。在蔡再修先生的記憶中，他的家庭是開建築材料行；而根據更常直接跟張棟材互動的倖存者黃至超的回憶，他家則是賣炭火維生。張棟材在一九四五年畢業於嘉義市立初級商業職業學校後，就因為經濟惡化而長年失業，深感鬱卒。「二二八」後，他對時局更苦悶。一日，他偶然在嘉義火車站附近的書報攤買到對岸的《觀察》雜誌，在其中念到左傾觀點後，深感「對我是一件奇異的事情」。[3]

失業期間，他也常到同學家中走動。一九四八年夏天，他從同學黃立誠家中發現一本日本馬克思主義經濟學家河上肇的《社會組織と社會革命》，便邀請同學王溸昌、陳子鏞、黃立誠組成一個自發的「馬克思主義研究會」。可是，才不到一個月，他們就深覺艱澀難懂，研究會也就自然解散了。不過，在他心中，卻因此更種下對思想引路人、解惑者的渴望。

王溸昌是他的國校同學。張棟材眼中，王溸昌在校時就有抗日思想，對他有幾分憧憬。一九四八年底，王溸昌邀請張棟材到家中一走，說要介紹他幾位思想上的先行者。他在王家先後認識了周永富還有「林先生」。王溸昌對張棟材介紹時說道：「林先生是個精學的人，他對政府問題很有見解。」李媽兜問起幾位青年對時局的看法，張棟材回覆：「我們三個人都認定現政府的政策未能滿足臺人的要求，並認定外省人跟臺人中有一壁很厚的隔膜存在。」李媽兜則回答，要回應臺灣人的處境，「獨立」或「託管」是不可能的路。張棟材又答道：「假使臺灣人能夠自治，而能得到農工人們的生活保障，我就很滿足了。」李媽兜又指出這樣的思考並不徹底，要徹底，就要換一個新政府，才能保障臺胞自治與溫飽。因此必須先有一群「先覺的人們喚起同胞們的關心」，進而四處「交朋友」擴大群眾基礎。[4]

從此，他們開始了一個月一到兩次的「座談會」。主講者是李媽兜，參與者就是周永富、王濚昌、張棟材三人。李媽兜從群眾工作的訣竅談起，進而再介紹《新民主主義》、《社會史簡明教程》。一段時間後，眼看三人日益有共識，李媽兜便分配眾人任務——周永富前往山村、王濚昌前往阿里山林場、張棟材則針對學生找對象。換言之，分頭負責嘉義地區的農、工、學運（此時只有周永富已經成為地下黨員）。

時事討論會

此後，張棟材成了在嘉義推動學運的「火車頭」。他參考李媽兜舉辦「座談會」的形式，也在延平街的家中舉辦「時事討論會」，一方面分析局勢發展，一方面介紹馬克思主義的論點。

就最終的結果觀之，時事討論會雖然前後吸引數十名在嘉義讀書的青年參加，卻無一例外都是職校學生，而沒有任何一名普通中學的青年。為何有這樣的差異？過去，林易澄跟我訪問蔡再修、陳榮華、江槐村等倖存者時，大致梳理出兩個可能的因素——學生家庭背景，與職業學校獨有的「實習階段」的切身體驗。

首先，戰後初期，就讀普通高中的學生通常家境較好，而職校學生的家境較為清寒。如蔡再修就出身農家，在學期間，也必須用假日返家務農。客觀上來說，出身更貧困家庭的學生，也就更有機會對改變受壓迫階級的政治主張感到興趣。[5]

林易澄也特別注意到，如倖存者陳榮華受訪時，就特別強調職業學校的「實習」，會讓職校學生對惡劣的勞動條件有「以身為度」的感受。這與普通中學或大學生通過左傾文學去「同情」或「想像」工農的處境有關鍵差異。實習的職校學生，實則就是「準工人」或「準農民」。由於立足點的差異，對講座會上的階級解放論，更容易產生「切身」的共鳴。[6]

總之，在宏觀的政經背景結合微觀的家境與勞動經驗後，張棟材講述的思想，開始在一群職校生間產生共鳴，甚至出現了幾位想積極作為的年輕學子。

嘉義農業學校——蔡志愿

蔡志愿，張棟材的表弟，雲林四湖人，家中經營小雜貨店。由於就讀嘉義農業學校的關係，不便通勤，便寄住在表哥家中。不過與積極熱情的張棟材不同，蔡志愿較為內向，起初對社會局勢也不大感興趣。因此張棟材被捕後陳述，兩人最初「因為性格上的差異不大親睦」。[7]

不過，李媽兜知曉後，卻嚴厲斥責了張棟材。李媽兜質問：若連同住的表弟都無法交談，又怎能擴大群眾基礎？因此，張棟材想方設法，放棄理論性書籍，改拿蘇聯文學家高爾基描繪革命工廠工人的小說《母親》及對岸的《觀察》、《展望》等雜誌給蔡志愿閱讀。

蔡志愿被捕後的自白顯示，[8]他原本對這些文件不感興趣。不過，正巧他在此時收到家中來信，表示家中店鋪無以為繼，恐怕沒法再供給學費。命運的偶然，讓蔡志愿對這些批判貧富差距的文本，開始產生異樣的親切感。此後，他愈發熱情，先把書籍拿到學校給親近的同學黃萬斛、賴命郁，爾後跟愈來愈多同學提及這些觀點——本書的主角蔡再修，便是在此時，接觸到蔡志愿帶來的新思想。

省立嘉義工業職業學校補習夜校——金木山

一九四八年夏天，長期失業的張棟材，又報考了嘉義工業職業補習學校（夜校），並在此認識了同班比鄰的金木山。

金木山當時十九歲。張棟材對他的第一印象是：「我看得他家裡的貧乏和他的求學心的熱誠，很同情他。他當時職在嘉義溶劑廠，而夜間又要到學校念書，那是很辛苦的事情呀。」[9]因此，張棟材向他陳述了「臺灣自治」與馬克思主義的論點，金木山深感興趣。此後，他又介紹嘉義農校的周火爐、王伯秋參與聚會。稍後，張棟材又介紹了一位補校同學余榮枝參與聚會。

嘉義市立初級工業職業學校——蘇欉岑跟黃至超

隨著參與的學生越來愈多，張棟材的一位國校同學吳炳煌，也提及他有一位對政治問題格外感興趣的朋友，名叫黃至超。

張棟材被捕後說道，初見黃至超時，他很同意臺灣獨立的主張，並認為「政府腐化貪汙不能可靠」。[10] 張棟材不斷說明後，黃至超才開始轉而同意「臺灣民主自治」。張棟材也察覺黃至超已經有馬克思主義的思想，閱讀過河上肇的《貧乏物語》等書籍，有同路人的特質。此後，黃至超答應介紹幾位嘉義市立工業學校的同學來參加聚會。

數天後，張棟材前往吳炳煌家中，見到幾位嘉工學生——蘇欉岑、馬再騰、王明顯、黃至超、吳炳煌。張棟材依樣介紹「臺灣民主自治」，不料，年僅十七歲的蘇欉岑卻主動表示：「我反對獨立託管的見解，並需要解決無產階級的生活問題。」相較於對「臺灣獨立」感興趣的黃至超，張棟材表示：「這種見解對我是一件很驚訝的事情，因為在當時的青年中，竟有這麼正確的認識？」[11] 這讓他對蘇欉岑起了特別的好感。

不過，不是每一位嘉工學生都同樣熱中聚會。不久後，張棟材就感受到吳炳煌跟王明顯「冷淡不安的態度」，甚至不再出席。因此，他將聚會地點改成另一名學生馬再騰家中。

對特別積極的蘇欐岑，他則安排與夜間部的金木山、余榮枝認識，成為一個由張棟材獨自帶領的三人小團體。

根據檔案紀錄，黃至超的活動軌跡，似乎與「青年民主自治革命促進會」[12]漸漸疏離。根據他日後另案處理的判決書給予的罪名是：「黃至超因與在逃叛徒張棟材素相友好，張棟材屢向其詆毀政府宣揚匪帮主義，於三十八年三月參加其臺灣民主自治同盟讀書會，參加會議四次，並介紹另案叛徒蘇欐岑參加為匪臺灣省工作委員會嘉義支部組織幹事及介紹馬再騰等參加」。書寫這份判決書時，張棟材還在逃亡，情治機關缺乏「核心領導者」對嘉工學生關係的陳述。當張棟材在一九五二年被捕後畫出的系統圖（見本書圖輯），嘉工的領導者是蘇欐岑，黃至超則在相對末端。可以說，黃至超在一九五一年一月十二日是被「高估」了他在團體的分量，並被判了更為嚴苛的無期徒刑。

不過，黃至超還有一些謎樣軌跡。政治犯吳聲潤曾向林易澄與我提到：「在獄中曾聽說，黃至超因為涉及阿里山的山地組織案，因為運送武器而判重刑。」這不僅僅是傳聞。一九五一年四月十日發行的雜誌《中國新聞》的〈中共潛臺「地下組織」的演變史——高山族中共間諜組織破獲記〉文中也赫然提到黃至超。這篇多少帶有渲染的文字中，講述省立嘉工有一位外省老師叫崔子齊，在對岸曾參與「新四軍」。他在戰後來嘉義任教，先後影響省立嘉工的劉水龍、[13]市立嘉工的黃至超，並對他們講述馬克思主義（對照前述張棟材提到的第一印象，黃至超對馬克思主義的基礎不知是否根源於此？）。

不過，崔子齊在一九四七年八月因身分曝光離臺。離別前夕，他將兩位青年交接給高雄人張明顯——張明顯曾在日本時代去對岸投身「新四軍」，戰後則負責高雄地下黨的籌組。一九四九年，張明顯受命轉入阿里山——該年十月，張明顯便偕同黃至超偽裝成菜販，用蓋滿白蘿蔔的菜簍，將「二二八」時流落民間的手榴彈悄悄進入Lalauya（樂野）部落。[14]

此外，同樣受討論會波及的，還有一位裁定感訓的簡清芳。根據判決書的說法，他與金木山招募參與討論會的顏銘利有過思想交流，因此認定有感訓必要。不過，我訪問簡清芳先生時，他卻指出因為討論會被捕，既感覺莫名其妙，卻也是因禍得福。他真正擔心的事情是跟阿里山上湯守仁等人的來往，包括他自己另外未曝光的組織關係，及與湯守仁策劃逃亡去琉球的事情被追究。[15]翻閱湯守仁的監控檔案，赫然發現當時布建在湯守仁身邊的特務眼線步凱等人，就多次提到簡清芳，並且認為他涉有「巨嫌」。[16]但因為簡清芳意外因為討論會被捕，使他陰錯陽差地閃過日後阿里山的大獵殺。

也許，這些嘉義的知識青年，有些人真與阿里山的部落，有著隱而未顯的其他關聯吧。

歷經二十多年牢獄，黃至超晚年在臺南後壁耕田，過著平靜的勞動生活。林易澄跟我曾分別請教黃至超這段撲朔迷離的往事。他的態度始終是——認識張棟材與蘇欐岑，是思想上親近的好友。認識張明顯，但否認送武器上阿里山，同時表示自己沒有參與地下黨。至於其他細節便不願多談。實際上，每位倖存者對於當年的經歷，說與不說、如何訴說，常有著異常複雜與細膩的考量。晚年的黃至超似乎支持臺灣獨立，卻也固定參加左統派政治犯一年一度在馬場町舉辦的「秋祭」。林易澄告訴我，有一回他陪黃至超等人回綠島時，黃至超仔細在紀念碑上度量死難者姓名，當找到蘇欐岑的時候，他突然嚴肅地立正，然後對他的名字深深敬禮。

也許，關於十八、十九歲那段青春往事的真相，他只想靜靜放在心中，成為獨自憑弔的追憶。

籌組「臺灣青年民主自治革命促進會」

回到張棟材的時事講座會。

一九四九年春天，李媽兜在三人會議中開口問道：「是否要一個組織來領導？」

當時，張棟材、王濲昌都覺得時機還不成熟。入黨經歷最久的周永富卻表示：「需要有一個組織來領導，因為……『有組織才有力量』。」李媽兜接著回應：「我們如果沒有組織，好像一盤散沙，又沒有正確的交朋友的方法和目標，所以組織是很必要的。」「中共因為有了堅強的組織才發展到那樣的程度。臺灣人是否應該學習這個事實嗎？」[17]至此，兩人才同意進一步「組織化」，並書寫了「自傳」給李媽兜——一九四九年春天，張棟材成為預備黨員；同年夏天，進一步通過考核成為正式黨員。

之後，李媽兜要張棟材從座談會中，挑選適合吸收入黨的對象。張棟材選擇了四個人——金木山、余榮枝（嘉工夜間部）、蘇欐岑（嘉工日間部）、蔡志愿（嘉義農校）。李媽兜又建議他可以成立這樣的一個外圍團體：「只反對獨立託管，贊同『臺灣民主自治』就可以（參加）」，[18]並讓張棟材自己撰寫入會章程。

此時，張棟材將這個「外圍團體」命名為「臺灣青年民主自治革命促進會」。我們可以推敲出這個名稱的意義——「青年」指參與者都是青年學生；「民主自治」是李媽兜反覆提倡的「臺人治臺」或「臺灣民主自治」；「革命」指要實現自治必須通過淘汰「舊政府」並迎來「新政府」才能實現；至於「促進會」則是為了推動革命進程，這必須不斷「交朋友」以擴大群眾基礎。

此後，這個團體的分工大致如下：

(1) 嘉工方面：蘇欐岑主持小組。成員有馬再騰、陳榮華、黃至超。

(2) 嘉農方面：蔡志愿組織小組。

第一個小組成員有賴命郁、蘇明哲。

第二個小組成員有黃萬斛、蔡再修、江槐村。

後來又陸續影響了余健敏等學生。

(3) 嘉義溶劑廠與嘉工夜補校：金木山主持小組。成員有余榮枝、顏銘利、何茂松。

此外，張棟材還嘗試過下列工作，卻因為時局開始嚴峻，導致成效不彰：

(1) 嘉商方面：接觸張希森、黃進鋒，但沒有後續成果。

(2) 嘉義朴子方面：曾聯繫屬於地下黨學生工作委員會的朴子國小教師黃師

廉，但因為組織關係重疊，李媽兜要求中斷。

(3) 中埔的講座會：通過擔任代書的同學顏慶福介紹，舉辦過一個小型的講座會，但回應並不熱烈。

校內的左翼老師

此外，校園的左翼老師，也成為影響學生思想的關鍵因素。江槐村受訪時特別提到嘉農的幾位老師：教史地的吳乃光，廣東人，因為外表瘦黑，學生幫他取綽號「甘地」，常在課堂談到國共內戰的狀況，也會分享新華社的新聞。吳乃光的愛人陳玉貞（福建人）是學校的歷史老師。教務主任則是江西人，郭遠之。[19] 日後，這三位老師都因為左傾的關係，跟著名的版畫家黃榮燦在一九五二年十一月十九日同案槍決。[20]

黃至超也回憶道，校內有一位康中柱老師，深深影響他跟蘇欉岑的觀念。[21] 根據前述《中國新聞》雜誌報導的記載，康中柱遭受懷疑，準備離臺，逃亡前夕又將從黃至超處得知張棟材與討論會的存在，轉告他在嘉義中學任教的同學張學祿（四川丹稜人），並請張學祿將他留下的《馬克思傳》跟《辯證唯物論》轉贈給張棟材。

這些外省教師，與本省青年組成的「臺灣青年民主自治革命促進會」或「臺人治臺」的主張都沒有直接關係。通過馬克思主義與對時局的左翼觀點，讓師生間產生思想的交流。因此，這樣的校園氛圍可視為「土壤」，多少直接、間接地刺激了學生的左傾浪潮。

逃亡與組織交接

一九五〇年四月，保安司令部的吉普車進入嘉義農校逮捕「匪諜」。

事後可以確認，這次逮捕的便是校內的外省左傾教師。這些教師與張棟材的組織沒有任何直接關係。可是，恐懼卻在蔡志愿與張棟材的心中發酵。張棟材逃去番路找周永富，周永富告訴他「不可被捕，恐怕就沒有生命了！」[22]這導致余健敏、蔡志愿、張棟材，因為驚惶失措，接連在身分還沒有曝光的情況下就開始逃亡。

至於周永富這一端，根據他自述，一九五〇年四月十三日，李媽兜與簡吉帶了一個從臺北南下的中年人到番路，要求周永富掩護。這名中年人自稱「鄭先生」——日後才知道他就是剛從保密局脫逃的地下黨領導人蔡孝乾。周永富從四月十三日開始負責掩護蔡孝乾，直到蔡孝乾在一九五〇年四月底突然失去行蹤。稍後的五月初，周永富又聽說跟簡吉的「山地工作委員會」有關的成員楊熙文、黃雨生、黃石岩陸續被捕。[23]

周永富則在一九五〇年五月十日曝光，他自述當天經過：「一九五〇年五月初十，特務三更半夜來抓我，那特務先爬到我房屋的四周，還有我的房屋頂，槍帶著，要我給他投降。……我就不顧一切，就跳出來，就往屋子後面衝。結果，我還沒有走三十步，喔，對方的槍枝就『碰！碰！』都來了……。我就是拚命往前衝，經過差不多三十公尺左右，突然間，哇！我就中槍，人就昏過去了。那兩個特務就給我抓起來，搶過來，哇，這腳都軟了，原來子彈從我腳的中間貫穿，直接貫穿，我到現在這個傷痕就還在，裡面的骨頭都碎掉了。另外還有一個傷口，我大腿這邊一直流血……。」「腳一直在流血，沒有，都沒有處理，就把我抓去送往臺北的車，送去臺北的保密局。」[24]

周永富被捕後，由於當時情治單位對他的情況還不瞭解，因此他在訊問筆錄中，誆稱自己是一九四九年十二月才由「林先生」介紹參加共黨，暫時緩解了特務對王濼昌在阿里山林場的工人組織及張棟材的嘉義學生組織的緝捕。[25]

周永富被捕後，李媽兜也隨之失聯，嘉義的「三人小組」自然解散。此後，張棟材與蔡志愿只能依靠自己的判斷，在茫茫大霧中匍匐摸索。[26]

一九五〇年四月三十日，張棟材輾轉逃去關子嶺的叔叔鄭脉連家，七月底入山工作，八、九月則回到嘉義溶劑廠的金木山宿舍躲了兩個月。

因為跟蔡志愿失聯，因此他冒險前往北港找到蔡志愿。兩人商討「韓戰」的效應：「臺灣中立化政策，看韓戰的結果如何，韓戰如果停止，中共或會進攻臺灣。我認為臺灣中立化問題一定需要第三次世界大戰方能決定」，[27]恐怕短期內都必須逃亡了。接著，他們又談到了組織重整的問題，因此又在金木山的宿舍邀集蘇欐岑、余榮枝討論，最後商議把嘉農組織移交給金木山，蘇、余的工作則保持現況。

三個月後，他們再開了一次會，此時情緒更悲觀了。眾人的結論是：「討論國際情形，認為在東南亞的各種革命運動可能會降入底潮，尤其是臺灣環境特殊，千萬不可輕舉妄動。」[28] 加上會後，從蘇𪉗岑提到黃至超已經被捕兩個月，張棟材、蔡志愿更加驚駭，覺得危機升到頂點，此後，他們分別在大埔山區、關子嶺、嘉義太保、雲林北港跟四湖等處輾轉流浪。

第一波破案

之後，留在嘉義市的青年出事了。

金木山接手組織後，在未曝光的狀況下，他還是想有所作為。當時江槐村有一位初中同學蔡伯玉，畢業後前往對岸就讀中央軍校。蔡伯玉在一九四九年回臺後在軍中任職。江槐村雖然懷疑過他可能成為特務，但金木山仍嘗試去接觸這位當年罕見的臺籍軍官。幾次交談中，蔡伯玉對金木山口中的政治改革方案極有興趣。最後，金木山介紹他參加了祕密團體。

蔡伯玉真的是情治單位的眼線。待摸清成員清單，時機成熟後，嘉義市刑警隊於一九五一年一月四日偕同保安司令部逮捕了十一名成員。一月七日，保安司令部駐嘉義組長洪維謀將眾人押至保安司令部偵訊後，確認在逃者包括：張棟材、蔡志愿、余健敏（誤植為余敬敏）、王濚昌（誤植為王璟景）、賴明福、黃萬斛、吳貴財，並依照金木山等人的口供畫出這張系統圖（見下頁）。[29]

由於金木山、蘇欐岑層級較低，這張「系統圖」有不少謬誤。例如王濚昌主要提到化名「陳友能」，本名也弄錯了一個字。他們也只知道周永富的化名「王先生」。他們還誤以為張棟材是嘉義市三人小組的領導。實際上，對照李媽兜日後被捕的自白，資歷最久的周永富，才是三人小組的核心。

一九五一年三月二十八日本案判決，五月十一日執行：金木山死刑，得年二十二歲，時為中國石油公司嘉義溶劑廠工人。蘇欐岑死刑，得年十九歲，時為臺南電力公司電務組實習生。

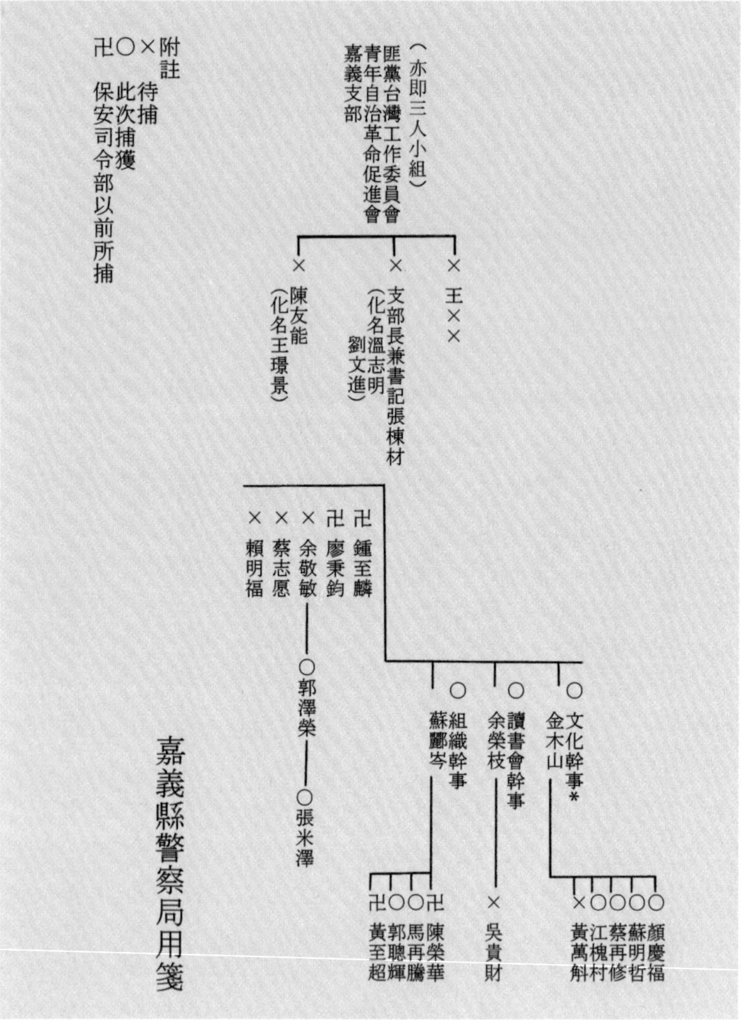
（亦即三人小組）
匪黨台灣工作委員會
青年自治革命促進會
嘉義支部
×王××
×支部長兼書記張棟材
（化名溫志明
劉文進）
×陳友能
（化名王璟景）
卍鍾至麟
卍廖秉鈞
×余敬敏
○郭澤榮
○張米澤
×蔡志愿
×賴明福
○文化幹事*
金木山
○讀書會幹事
余榮枝
○組織幹事
蘇酈岑
○顏慶福
○蘇明哲
○蔡再修
○江槐村
×黃萬斛
×吳貴財
卍陳榮華
○馬再騰
○郭聰輝
卍黃至超
嘉義縣警察局用箋
附註
×待捕
○此次捕獲
卍保安司令部以前所捕

*原檔誤植為文化幹子

（根據檔案重繪）

江槐村先生回憶，金木山槍決前，希望聽到難友演唱《天国に结ぶ恋》（通往天堂的愛），一首以一九三二年的殉情事件「坂田山心中事件」為題改編的電影主題曲：

【男】

今宵名　りの　三日月も　　今夜殘留的新月
消えて淋しき　相模灘　　在淒涼的相模灘上消逝
にうるむ　漁火（いさりび）に　　眼中閃爍的漁火
この世の　の　はかなさよ　　道出人世間愛情的脆弱

【男】

あなたを他所に　嫁がせて　　你若嫁了他人
なんで生きよう　生きらりょう　　我該如何活，如何承受？
僕も行きます　母（かあさま）の　　我也將隨著母親
お傍へあなたの　手を取って　　攜手前往妳的身邊

【女】

ふたりの　は　清かった
神　だけが　御存知よ
死んで　しい　天国で
あなたの妻に　なりますわ

我們的愛如此純潔
唯有天神知曉
在死後的快樂國度裡
我將成為你的妻子

【男・女】

いまぞ　しく　眠りゆく
五月（さつき）青葉の　坂田山
愛の二人に　ささやくは
やさしき波の　子守唄

現在愉悅地入眠吧
在五月青葉的坂田山上
相愛的兩人在耳邊細語
柔和的波浪成為搖籃曲

其餘徒刑者包括：余榮枝十三年（二十二歲，省立嘉義工業職業補習班學生）、江槐村十三年（十九歲，西螺鎮公所經濟股員）、蘇明哲十年（二十歲，北港糖業公司實習生）、陳榮華十年（十九歲，臺大化工系一年級生）、馬再騰十年（二十一歲，於酒公賣局第六酒廠試用辦事員）、郭聰輝十年（十九歲，嘉義高工三年級學生）、蔡再修十年（十九歲，水上鄉公所民政股土地鑑證）、顏慶福感訓（二十四歲，中埔鄉代書）、郭澤榮感訓（二十二歲，公賣局嘉義鹽場實習生）。

本書的主角之一，蔡再修先生，就此展開十年牢獄生活。

一九五一年三月三十一日，軍法處另案判決了跟金木山有關的顏銘利（二十一歲，無業）、何茂松（二十二歲，陸軍第二醫院少尉技術員），兩人都獲判十年。[30]

判刑十年的郭聰輝，送往安坑軍人監獄服刑。期間，又因為在牢房抄寫左翼學習文件，捲入虛構的「軍人監獄再叛亂案」，判處死刑，於一九五七年五月三日在安坑刑場槍決，得年二十四歲。[31]

第二波破案：張棟材、蔡志愿

張棟材、蔡志愿的困境更艱難了。

蔡志愿只能在雲林的鄉間流浪，棲身於甘蔗田。在其中一個夜晚，他竊取了某戶民家的女裝，裝扮成女性流浪，還前往理髮店燙了捲髮。最後，他因為饑餓而到親友家討食物，於一九五二年九月十六日在雲林四湖鄉溪底村被捕。

蔡志愿被捕後，早有許多資訊為情治機關掌握。他同樣交代了自己結識張棟材、參與組織、在嘉農發展學生的經過。不過，他在軍法處的報告中，卻主動書寫了自己逃亡過程中「男扮女裝」的心境：他表示自己也不清楚基於什麼心理，但他詳細描述自己穿起女裝後，眾人對他容顏的稱讚，包括眼睛、頭髮、面容的姣好明媚。實際上，在軍法處的起訴書或判決書中，從來沒有一刻對他「女扮男裝」進行追究，遑論成為論斷他生死的依據。不過，蔡志愿卻主動描述了這段旅程與心境。

一九五三年二月二日，蔡志愿判處死刑，同年五月二十日槍決，得年二十三歲。

此外，一位也參與過十餘次講座會的嘉農畢業生，林啟文，當時已返鄉養鴨為生，卻受此案牽連，判刑十二年。[32]

最後，是被情治機關視為「案頭」的張棟材。為了逮捕張棟材，情治機關讓先前「自首」的「臺灣青年民主自治革命促進會」成員，反過來成為深入鄉間尋找張

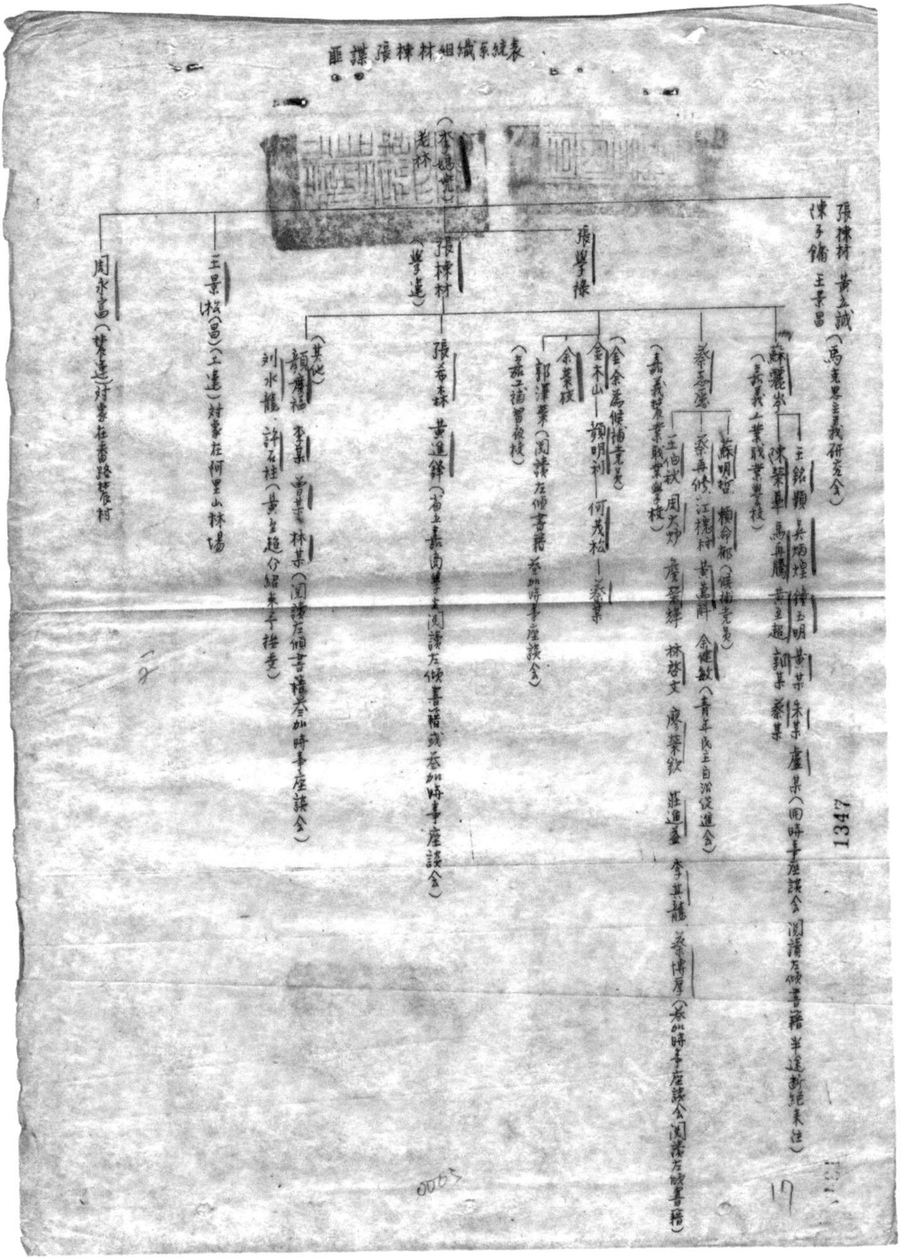

張棟材組織系統表（國家發展委員會檔案管理局提供）

棟材的眼線。一九五二年十一月一日，北港分局刑警組根據黃萬斛的密報，發現張棟材出沒於北港，因此由雲林縣警局派員將他逮捕。至此，情治機關最終將這一波嘉義學生的「粽串」給「一網打盡」了。

一九五二年十一月十一日，張棟材判處死刑。隔年五月二十八日執行槍決，得年二十七歲。

與此同時，在闢子嶺務農，曾讓張棟材數次躲避的叔叔鄭脉連，以「連續藏匿叛徒」為由判刑十年（四十一歲）。

一度參與講座會又淡出的嘉工學生吳炳煌（二十六歲，嘉義縣稅捐稽徵處雇員），及曾與張棟材交換意見的四川籍嘉義中學教師張學祿（三十二歲），都以「明知為匪諜而不告密檢舉」為由，判刑七年。

至此，「臺灣青年民主自治革命促進會」正式走下歷史舞臺。

1 周永富訪談稿，林傳凱訪談。日文對話的原文，謝謝周永富先生當時親自校定。

2 在檔案中，由於情治單位不同時期逮捕者與他的認識深淺有別，因此他的姓名曾經被登記成不同的別字，包括王璟景（金木山等人的供稱）、王潔昌、王璟昌。本文使用王潔昌稱之。至於檔案中記載的不同姓名，其實都是進入阿里山林場發展工人的王潔昌。

3 參考國家發展委員會檔案管理局，《張棟材等叛亂案》，檔號：A305440000C/0043/276.11/30。

4 參考國家發展委員會檔案管理局，《張棟材等叛亂案》，檔號：A305440000C/0043/276.11/30。

5 這是蔡再修、陳榮華、馬再騰、江淮村、黃志超、簡清芳、周永富幾位受訪者再訪談中都有提及的觀點。此外，周永富在接受我訪談時也特別提到，李媽兜對於吸收的對象，特別重視家庭的「階級成分」，他認為富裕的家庭的子弟即使關心窮人，遇到危險時還是因有退路而容易退縮。相反的，貧窮家庭的子弟已經一無所有，更容易下決心。這種判斷，也多少影響了對動員職業學校與普通中學學生的選擇。

6 陳榮華訪談稿，林易澄訪談。

7 參考國家發展委員會檔案管理局，《張棟材等叛亂案》，檔號：A305440000C/0043/276.11/30。

8 參考國家發展委員會檔案管理局，《蔡志愿等叛亂案》，檔號：A305440000C/0042/276.11/124。

9 參考國家發展委員會檔案管理局，《張棟材等叛亂案》，檔號：A305440000C/0043/276.11/30。

10 參考國家發展委員會檔案管理局，《張棟材等叛亂案》，檔號：A305440000C/0043/276.11/30。

11 參考國家發展委員會檔案管理局，《張棟材等叛亂案》，檔號：A305440000C/0043/276.11/30。

12 這邊寫的名稱，又跟蔡再修等相關案件倖存者的說法不同，這是訊問過程中情治機關與軍法機關冠上的名稱。實際上這群嘉義青年認知中的組織名稱都是「青年民主自治革命促進會」或「臺灣青年民主自治革命促進會」。參考國家發展委員會檔案管理局，《張明顯等叛亂案》，檔號：

A305440000C/0040/273.4/332。

13 劉水龍最初跟黃至超一起在張明顯等人的案件中判決，於一九五一年一月十五日判處無期徒刑。在軍人監獄服刑時，他卻又捲入了獄方羅織的「軍人監獄再叛亂案」，捲入第二次案件而判處死刑，於一九五七年五月三日槍決，得年二十六歲。第一個案件的檔案來源參考國家發展委員會檔案管理局，《張明顯等叛亂案》，檔號：A305440000C/0040/273.4/332；第二個案件參考國家發展委員會檔案管理局，《馬時彥等案》，檔號：A305440000C/0042/276.11/7132.4。

14 〈中共潛臺「地下組織」的演變史——高山族中共間諜組織破獲記〉，《中國新聞》，一九五一年四月十日。

15 簡清芳訪談稿，林傳凱訪談。

16 參考國家發展委員會檔案管理局，《湯守仁等》，檔號：A305440000C/0045/276.11/9122.92。

17 參考國家發展委員會檔案管理局，《張棟材等叛亂案》，檔號：A305440000C/0043/276.11/30。

18 參考國家發展委員會檔案管理局，《張棟材等叛亂案》，檔號：A305440000C/0043/276.11/30。

19 江槐村訪談稿，林易澄訪談。

20 參考國家發展委員會檔案管理局，《吳乃光等案》，檔號：A305440000C/0041/273.5/28。

21 黃至超訪談稿，林易澄訪談。

22 參考國家發展委員會檔案管理局，《張棟材等叛亂案》，檔號：A305440000C/0043/276.11/30。

23 周永富訪談稿，林傳凱訪談。

24 周永富訪談稿，林傳凱訪談。

25 參考國家發展委員會檔案管理局，《高玉鐺等匪諜》，檔號：A305440000C/0039/273.4/489。

26 王濕昌於逃亡一段時間後，決定於一九五二年帶領整個阿里山林場工人支部出面自首。參考國家發展委員會檔案管理局，《王濕昌自首案》，檔號：AA11010000F/0041/FD1-1/00038。

27 參考國家發展委員會檔案管理局，《張棟材等叛亂案》，檔號：A305440000C/0043/276.11/30。

28 參考國家發展委員會檔案管理局，《張棟材等叛亂案》，檔號：A305440000C/0043/276.11/30。

29 參考國家發展委員會檔案管理局，《可疑分子考管-匪臺灣工作委員會青年自治革命促進會嘉義支部案》，檔號：AA01010000C/0040/306.7/0147。

30 參考國家發展委員會檔案管理局，《新生訓導處顏銘利案》，檔號：AA05140000C/0050/1525.3/37。

31 參考國家發展委員會檔案管理局，《馬時彥等案》，檔號：A305440000C/0042/276.11/7132.4。

32 參考國家發展委員會檔案管理局，《蔡志愿等叛亂案》，檔號：A305440000C/0042/276.11/124。

未完之路

孫女的十年書寫

「不要再給我寫關於『這些東西』了！」

「哪些東西？」

「就……『這些東西』！」

「什麼是『這些東西』？」

隔著手機的觸控面板，媽媽的話語隨著手機訊號穿越一百多公里、嘉義到高雄的距離，來到此時此刻坐在高雄賃居處書桌前的我面前。在那句話、那個詞終於被我步步進逼而逃逸出來之前，我聽見深深吸了一口氣的聲音，如此慎重，也許又夾雜點其他我暫時無法分辨出來的情緒。

「這些關於白色恐怖的東西。」

彷彿用盡所有氣力，才吞吐出那四個字。

不再是少年之後

不再是少年的幾十年之後，再修——也就是我的阿公，[1]邁入老年的那一年農曆生日，迎來他最小的孫女——我和我的雙胞胎姊姊。

二〇一九年，之於我個人，是個變動多舛的一年。年初，乍看之下在醫學大學讀得好好的，不久的將來即將進到那幢森嚴凜凜、人們景仰的白色巨塔裡的我，毅然決然在七月休學，在九月用這段 gap year 去尼泊爾待三個月——以及，在那之前的上半年，把阿公的故事好好訪談完，把那些仍模糊朦朧的片段連綴成形，把那些尚未理解的缺口看更清楚些，把那些試圖釐清的斷裂再靠得更近一些。

那年的上半年，幾乎每隔兩週回家一次，成了十八歲離家後最常回家的頻率。我和阿公一起去了幾趟那塊剩下兩分半的田地，一起去他說以前他爸爸在凍得要死的冬天會在那裡抓魚的加走埤，一起沿著以前上下學都搭的糖鐵線散步，像循著他那已爬滿粗繭的掌心，那掌紋裡的生命線，一路追索。

還記得，當時為了要找以前嘉農校園照片或相關資料來輔助訪談，特地寫信給嘉義大學校史室。六月，下著梅雨的某一天，輾轉搭幾趟公車抵達現位於蘭潭附近的嘉義大學蘭潭校區。

拿到資料之時，心中免不了有些激動，那疊資料裡除了有當時嘉農校園的照片，甚至還有當時他們的修課學分規定、學生比例、校園平面圖。承辦人員語帶抱歉地說沒找到阿公那一屆的畢業紀念冊，我趕緊說沒關係。

阿公訝異我怎麼拿到這些資料之餘，對著一張張照片，他的記憶又鮮明許多。宣誓加入組織時種滿蔬菜的實習農場、筆直正對校門口的椰林大道，以及當時嘉農學生的共同回憶——貫穿校園的兩條水圳，好多好多場景有了畫面，具體許多。

恍惚間，有種錯覺，彷彿當時八十七歲，走路已些許跛拐與緩慢的阿公，像十幾年前身體仍硬朗的他，於我童年時帶我到處旅遊、帶我認識這世界。少年之後，又過了七十幾年的歲月，阿公牽著我的手，走進他的青春，走進一九四〇年代末、方經歷戰時的蹂躪卻仍裝載無數少年眼眸的嘉農校園，走進十五歲的他、七十幾歲的他、八十七歲的他，在缺口與缺口之間，斷面與斷面之間，那些一一漸漸清晰的模樣。

代替父職的阿公

在這份書寫將近尾聲時，二〇二三年初，把初稿傳給十幾年前訪談過阿公的白色恐怖研究者C，跟他聊到，其實除了阿公的故事本身，我也想寫下自己在追尋的過程中所發生的事。因為，這不僅僅只是一份幾萬字的書稿，也是一場為期十年的追尋旅程。

但在回答這趟旅程是從何時開始、從何處開始前，無可避免的，最常被其他人問的問題反而是，為什麼會想寫？

「什麼原因讓你想追尋、書寫這些？」

這幾年下來我不斷回答著幾種類似版本的答案，模稜兩可的答案也有，正義凜然的答案也有，或很政治正確的答案也有，舉凡說要正視歷史、展望未來，說要撫平傷口、轉型正義，這些版本的確是某種程度的心底話。但我發現自己好像一直以來都只回答了這問題的一部分，總覺得似乎沒有一個版本真正命中要害，沒有一個回答夠讓自己鬆一口氣，說「就是它了」，似乎都差了那麼一些些。

究竟為什麼要書寫？為什麼訪談書寫這些事情是重要的？

直到把初稿給了C，他幫忙牽線讓我有幾場講座分享，在做簡報時，我才後知後覺地漸漸意識到——這件事情之所以重要，有部分原因是因為書寫的對象——這個人——阿公對自己很重要。

和我年紀相近的朋友，二十幾歲的年輕人，蠻大一部分成長在小家庭裡，跟阿公、阿嬤那一輩的關係可能僅限於小時候寒暑假會被丟包到他們家、過年過節時會回去領個紅包或吃個飯。也許大部分的人跟阿公、阿嬤親近的程度，已經沒有像以前的人們那麼親。

於是有人會問，阿公跟你很親嗎？還是你是從小就跟阿公、阿嬤住在一起嗎？

其實並沒有。阿公年老之後輾轉換過幾個住所，幾乎都在距離我們半小時車程之內。我八歲那年，父親積欠大筆地下錢莊跟銀行的債務而跑路，父母離婚、轉學、躲起來，像個黑影，一個個朝無力反抗的我鋪天蓋地襲來。倉皇逃離的那一天，一個黑色大垃圾袋，七零八落裝載我們四個兄弟姊妹所有的衣服、鞋子，那些心愛的文具、收藏已久的貼紙，遺落在原本父系家族老家。當時媽媽看著我們說，「不可以讓新同學知道你家地址、不要讓學校的人知道你是單親家庭。」即便知道了，「不要跟他們說為什麼爸爸媽媽離婚了。我們要躲到一個沒有人知道的地方。」

逃離的第一天，我們就是躲到當時阿公獨自賃居的小套房裡，六個人擠在不到十坪的小公寓套房，呼吸著逃跑的空氣。在那之後，父親、父系家族成了我成長記憶裡長期缺席的東西，而填補父親工作的，是當時七十幾歲身體還意外非常硬朗、頭腦非常清晰且高學歷的阿公。

即便阿公不曾跟我們住在一起，但在他身體還硬朗的時候，幾乎是他代替空缺的「父職」，是他在媽媽沒有辦法請假的時候，帶兒時體弱多病的我去各地看醫生。也是他，在寒暑假獨自一人帶我們搭火車去各地玩，帶我認識外面的世界，講很多以前古人的故事給我們聽。小時候，當媽媽回答不出問題或功課，她都說：「去問你阿公，阿公一定知道」，是他帶我們認識這世界。

九歲那年，我生了場病。在醫院住院的那一個月，當時七十幾歲、還生龍活虎的阿公陪著我坐五個小時的救護車，從南部某醫院的小分院轉至北部的本院，在手術室的家屬等候區，看著手術中那三個字，亮成恢復室三個字。以及往後一、兩年間每週定期的回診，都是阿公陪我搭著西部縱貫線上最慢、最慢的區間車（甚至還搭過綠色座椅的普快車），搖搖晃晃地穿越一片片稻田，到一小時多車程之外的大醫院。

有時，的確難以評斷那場病究竟是禍是福——不得不說，小時候正是因為那場病，我才跟阿公變得如此親近——時間彷彿停滯了的病房裡，三十多個日復一日，以及後來那些來來回回一個多小時的火車上。當時只覺得阿公就像很多其他人的阿公一樣，講一個又一個故事，解答這個小小個頭、卻睜著大大的雙眼望向世界的孫女，那連綿不斷的好奇。

潘朵拉的盒子

多年後，故事究竟是怎麼再度被憶起、再度被說出，甚至被寫下的？

在那個九歲的仰望裡，阿公就像博學睿智的老紳士，永遠掛著和善的微笑，永遠溫吞謙卑，永遠善於自嘲。他周遊各地，講了好多好多古人、偉人的故事，卻唯獨沒有提起自己的——當時那個年紀的我，對外面世界的運作方式還沒有一定的靈敏度，從來沒有認真想過、也從來沒有懷疑過，為什麼阿公已經讀到當時算高學歷的高職畢業，後來還是只能當農夫繼續種田？為什麼這樣一個當了一輩子農夫的阿公，去過好多地方，幾乎對全臺灣各地都很熟悉、都有認識的朋友？

第一次意外知道「白色恐怖」跟自己家族的關聯是在國中，一次和媽媽聊到臺東時，她一如往常地說出，「這個要問阿公，他一定知道，他以前對臺東很熟。」我不禁提出一直以來的困惑——為什麼阿公會去過這麼多地方？直到那時，才知道阿公身為政治犯的身分，原來阿公曾入監十年之久。

在那之後，阿公的這段過去，猶如自動被挖空的十年，家族裡幾乎不再提起。

一直到高中時，關曉榮等導演為了拍攝關於白色恐怖的紀錄片《冰與血》[2]而來訪，「白色恐怖」這關鍵字，才又自媽媽口中提起。

當時，自己對於白色恐怖的理解仍舊非常淺薄且扁平，套著這個詞彙，阿公空白的這十年彷彿有了安放的位置。然而摘掉這帽子，這四個字的涵義究竟是什麼？長久以來壓在他肩上、壓在這家族之上的重量究竟又是什麼？

二〇一四年上半年，三一八運動發生時，街頭是滿溢的青春與憤怒。其實沒有直接的關聯性，但恰好是在那一年，高二時，我第一次想寫下關於阿公的故事。

在那一年，學校有一門叫「生命教育」的課，老師出了份作業，要我們訪問生活中身邊的家人、親戚或鄰居，並寫下他們的故事。一邊哀嘆自己沒有認識什麼「厲害」的鄰居，家族中也沒什麼事業有成的親戚，情急之下，便隨意找了當時覺得「雖然沒有很厲害，但應該也會有點故事可以講」的阿公來訪問。不到一千字的故事寫完了，稚嫩的筆跡拓印在Ａ４學習單上，沒想到過幾天，那堂課的老師誠摯地邀請阿公到班上分享他的故事。

當時的我，壓根沒有想到事情會變成這樣。本來以為阿公白色恐怖的經歷「沒什麼好提的」，以為政治犯的經歷就像戰爭、就像貧困般，是阿公、阿嬤那個世代許許多多人都曾經面臨過的共同經驗。之後，我才隱隱約約意識到，阿公的故事似乎沒那麼稀鬆平常、似乎是值得被記錄下來的——多年後，我才得以理解這件事，也許並不是經歷過白色恐怖的人真的那麼少見，而是當時在相對封閉且以理科掛帥、升學取向的中南部高中，願意說出並寫下這段故事的人相對稀缺，願意「現身」的白色恐怖後代並不常見。

生命教育課之後，開始意識到這件事似乎值得被寫下來，高二時便曾以阿公的口述歷史為題寫過小論文，在那個還沒有打逐字稿觀念的稚嫩年紀，我用紙跟筆，密密麻麻地寫下那些只有在「被訪談」時，才會被提起的空白十年。

「櫃子」

每一次的書寫，都是一次貼近的可能。關於阿公的書寫，其實更像是趟來來回回、迂迴反覆的旅程。

在不同時期，得知不同的細節，又換了幾種不同的理解角度，於是增增減減，成了不同時期，不同琢磨重點，不同目的之下斷斷碎碎的篇章。

我在這過程裡走走停停，迂迴前進——即便所有的年表、時間軸都抓得出來，所有的起承轉合也看似像鍊條與齒盤一樣，一目一目咬得連貫徹底，卻總覺得還是差那麼一步，還是有些疑惑與不解，像條鴻溝，橫跨在阿公跟我之間——究竟，阿公為什麼那麼「紅」？[3]

二〇一九年，在沒有學習單、沒有小論文、沒有學期報告的壓力與目的之下，仍舊決意要重新開始做訪談。除了想更理解阿公、更理解家族史和曾經發生在臺灣的歷史外，其實也想要解謎、回應一路來一直哽在我心中的疑問與困惑——究竟為什麼受國民黨摧殘的阿公，在多年後竟每一次選舉都投下給國民黨的一票？為什麼阿公會支持統一？為什麼仍舊心心念念中國共產黨？為什麼如此堅定地相信社會主義？

記得某一年總統大選，開始出現「天然獨世代」的稱謂——即便這「天然」其實一點也不天然。但我們這個世代（更不用說再小我幾歲二〇〇〇後出生的世代），出生於一九九〇年代、成長於二〇〇〇年前後，總統直選、政黨輪替、多元議題、言論自由，這些詞彙就像聽到自己的名字一樣直覺與理所當然；我們這個世代——至少，在我的「同溫層」，政治啟蒙於二〇一四年的反服貿與三一八學運，焦慮於二〇二〇年後人們說的資訊戰，說到中共二字，彷彿是聽到自己仇人的名字般，總是激起身上最敏感的神經。阿公他們所謂的「祖國認同」，是既蒼白且稀薄的存在。

正如同我的「同溫層」，我很困惑，困惑著自己跟阿公如此不一樣的認同，困惑著時不時寄到他小小公寓的關於兩岸統一的雜誌，困惑著每一次選舉時阿公投下的藍色選票——更何況阿公還是曾經被國民黨關押的政治犯、還是白色恐怖的「受難者」耶？

一個個困惑，疊成櫃子的漆黑。

所以，每當想跟別人提起自己阿公是白色恐怖受難者時，我都會遲疑一下，甚至選擇不說出口。總擔心別人也會替我貼上「統派」的標籤、貼上「偏藍」的標籤，更害怕因此聽到別人對阿公的冷嘲熱諷或不能理解。想像著別人搖頭嘆氣覺得這老人沒救了、怎麼還活在那麼久遠的過去裡、怎麼還對中共有如此不合時宜的想像與期待時，當時的我究竟有沒有因此覺得丟臉？

這成了我的「櫃子」。我必須小心翼翼，得先猜測這人是否可以理解之後，才能自我揭露的櫃子。而最荒謬的事情是，這櫃子裡的東西，連我自己都不明白啊，連我自己當時都不知道阿公為何會是這樣子啊！

即便後來接觸到更多轉型正義相關的團體與活動，但當時的自己總有個感覺，好像必須迎合這些團體的反中意識，在這股奇妙的政治氛圍之下，那些可以被搬上檯面的「受難者」，似乎都或多或少要有「冤」的成分在裡頭，抑或至少不能太「紅」——可以綠、可以冤、可以沒有明顯色彩，就是不能是紅色的。

弔詭的是，當年正是這些各自帶著不同色彩的人，被同個威權政府追趕，在馬場町河邊倒下，在火燒島裡囚禁——他們一個個，都是不一樣的個體，背負著各自不同的過往、各自的理想、各自的命運。動輒十幾年時間彷彿凝固凍結的牢獄時光，出獄後換成大牢後的寒蟬效應、內心警總，再加上出獄後現實生活困頓的拖磨，轉眼就幾十年過去。不是他們不明白，是外面世界變得太快——憑什麼，我們這群千禧年前後才出生的世代，在沒有好好理解他們從何而來、走著什麼樣披荊斬棘的路而來時，卻要求現在的他們，快快改變成我們的模樣？

也因此，在那些團體中，我通常都是沉默的。若沒有什麼不得不需要提起的時刻，我鮮少跟「同溫層」、身邊關心政治的朋友提及阿公受難者的身分，更不用說那紅透了的受難者身分。

馱著這櫃子前行，像出不了櫃的同志，我被剝去言語。在家裡，我無從談起；在外人面前，我不敢提起。

書寫可以是種理解，是種連結，甚至修復。那些曾經閃爍其詞的「櫃子」，那些曾經覺得難以理解的認同，那些斷裂與張力，再也不會無處安放。

既政治冷感又政治敏感的母親

然而，除了走出「櫃子」，更艱難的還有與媽媽折返跑般的拉鋸戰。

高中那次小論文寫完後，一次晚飯後的時間，媽媽有意無意地淡淡吐了幾句話。

「我希望你以後不要寫阿公的這些事情了。」

「你以為現在時代很開放了……時局變動……現在當家的政黨，不代表之後就不會翻盤……你都不知道什麼時候會變……」

「你做這些、寫這些都會被點名做記號……」

還來不及搞懂點名做什麼記號？時局會變成怎樣？「這些事情」包含哪些事情？媽媽到底在害怕些什麼？

還來不及搞懂的事情太多，包括反抗，以及母親。似懂非懂的眼光裡，這些困惑很快便被升學、考試硬生生洶湧而過。我得假裝遺忘，忘記還有這些仍搞不懂的事，才可以快快追隨他人的腳步，升學、離家、求得穩定的工作，好讓媽媽不再擔心被點名做記號。

高三考完學測的那一學期，因為已經沒有什麼升學壓力，放學後不用再匆匆忙忙趕著學生專車，而是好整以暇地從位於市區邊陲的學校，走四十幾分鐘的路程，到市區中心的客運總站，再搭客運回家。

客運總站位於市中心的中山路上，也就是日治時期最繁華的「大通」。一直到訪談阿公後，才知道那裡就是阿公口中有錢日本人居住的「市街」。一次，就在這條以前的大通上，我無意間瞥見一間看起來像書店又不像書店、擺滿許多書的空間，不起眼的角落邊，寫著「臺灣圖書室」幾個字。

當時的我也不太知道這個圖書室確切是在做什麼，只知道有好多關於臺灣歷史、看起來相當有趣的書籍。後來我才漸漸知道，在嘉義，臺灣圖書室是許多有在關心臺灣歷史、關心社會議題的人們不可能不知道的地方。

媽媽一直知道我喜歡看書，那次回家後我興奮地向媽媽分享這個發現，「有很多書可以看耶！」彷彿還記得當時自己眼裡閃爍著對於新事物的好奇。

本來以為媽媽也會欣然樂見有個有書的地方可以讓我待著，畢竟小時候媽媽工作忙時，最常把我們放在圖書館這種不用錢又都是書的地方。沒想到，當她聽到「臺灣圖書室」這名字，當她聽到竟然有個不是官方圖書館的地方，會願意提供書籍給大家看時，彷彿嗅聞到些什麼氣息，又彷彿碰觸到她內心的警鈴，她厲聲阻止我之後再踏入那個地方，說那個地方一定是有什麼「政治目的」，她說不要認識那些人、不要跟著他們關心那些他們關心的議題。

那時我才知道，常常說選舉什麼的都不關她的事的媽媽，乍看之下是政治冷感，但彷彿某種直覺，某種母獸保護幼獸的動物本能，她嗅聞到了關於政治、關於社會議題的氣息，彷彿挑動了她根深內心最敏感的神經。

那時才知道，她是既政治冷感，又政治敏感。

我猜媽媽不會知道這個圖書室究竟是在做什麼，甚至以前應該連聽都沒聽過，但那些她讀不懂的書、沒聽過的理論、一次又一次的讀書會，在她眼裡，彷彿是重播著六十五年前她父親的劇情——即便時代背景已大不相同，即便臺灣圖書室的政治立場大概也跟阿公的立場有段落差，但她的直覺斬釘截鐵地告訴她——不要讓她的孩子接觸這個地方。

她的直覺，像母獸保護幼獸的本能，這就是她的政治敏感。

內心的小警總

而這政治敏感逐漸長成一種猜忌。

「不要再寫東西了。」

「拜託你不要再碰這些東西了。」

「你寫下這些都會被點名做記號，你永遠不知道哪一天時局又會變了……」

這些話大概是自大學以來，媽媽最常跟我說的話，也是最讓媽媽頭痛的一件事。

一開始，混雜著叛逆，媽媽說不可以的事我偏要做，不只是訪談阿公，也包含關心其他的社會議題，包含去上社會學的課，以及後來讀研究所、選人文社會學科等等。

後來叛逆裡頭又多了點不解。我的不解一方面是，這是你爸爸耶，你怎麼會不想要多瞭解？另一方面的不解是，拜託，都解嚴三十幾年了耶，到底如今誰還會怕被「點名做記號」？

仔細自問起這些問題的當下，我才恍然大悟，原來問題的答案是如此顯而易見。誰會怕？就是政治受難者本人、受難者的家人會怕啊！此時，媽媽的害怕忽然非常「自然」了起來。

我知道有些政治受難者自己也不太願意講，但解嚴後、年老之後的阿公是屬於那種不避諱講這段過去的受難者，甚至旁人只是稍微提起、問起，他也會非常樂意滔滔不絕。相較於阿公，媽媽則是幾乎絕口不提。高中的小論文之後，媽媽開始耳提面命，要我不要再碰這些東西。「白色恐怖」四個字，彷彿《哈利波特》裡佛地魔的名字，成了在媽媽面前不能提及的字眼。

在書寫的過程中，我才漸漸理解其中原因。媽媽是在一九九〇年代後期，補償金發放的前後，聽到親戚們在和阿公談論這件事時，當時已經成婚有家庭、三十幾歲的她才第一次聽阿公提起。

阿公曾在他八十幾歲受訪的紀錄片裡提到，媽媽小學的時候，有一次回家曾經跟阿公提起學校有位老師問她，她爸爸是不是曾經被抓去關過？那位老師還安慰當時的媽媽說這沒什麼。這件事阿公記得清清楚楚，但媽媽卻完全沒有印象。

媽媽畢竟不是仍舊懷有理想的阿公，也沒有經歷過當時的改朝換代，不曾懷抱過對於新政權有鬆動可能的冀望。成長在一九六〇至一九七〇年代的她，被灌輸拚經濟優先、政治不用管，安分守己過一生，「黨國思想」在他們這一代被教育得更成功。她只覺得一切都是「冤枉」。而什麼造就了冤枉？就是讀人文社會學科的書籍。

一個又一個的困惑懸而未解，堆滿我的十八歲，我像尚未開眼的幼貓，匍匐前進，跌跌撞撞，撞進學校一個充滿著「怪人」的社團。

還記得那是個熱得要命的新生社團嘉年華，小小的風雨球場擠滿各式社團攤位，一心一意想著在網路上看到的那篇文章，寫到有個南部老字號的校園詩社長期關心社會議題。我目標明確地筆直走向詩社的攤位，攤位桌上擺著幾本還未整理好的老書，還記得當時是兩位學長在顧攤，他們甚至還沒把行李箱裡的書擺定好位置。我一臉堅定、連多看幾眼都沒有便說要入社，他們倆當時嚇到快跌倒，事後他們回想，他們以為我大概誤會了些什麼，直到我快到大二、即將接社長時，他們才鬆一口氣，確定我不是誤打誤撞意外入社。於是，一脈單傳，我成為那年唯一入社的新生。

作為學校少數的文藝性社團，學校的人們聽到這個充斥著「怪人」的社團名時，總是皺著眉頭說，「聽說過，但不知道這社團是在做什麼的。」但誰叫裡面的人都那麼怪，神神祕祕好幾年，大概沒有幾個校內的人看得懂我們在做什麼。幾年前社團嘉年華時，學長們甚至直接搬出傢伙，在攤位上煮火鍋、打電動、下棋，「反正不會有人來。」他們總這樣說，搭配帥氣的聳肩，一臉不在乎。

記得，每週三晚上是我們表定的固定社課，大部分時間其實都在看電影，而且大多是些奇怪的非院線片、老片、紀錄片等，總之就是很怪的一群人跟片單。每學期也都有一個特定主題的讀書會，「讀書會」這聽起來的確很像以前阿公他們被抓去關的原因。跌跌撞撞進這奇異的詩社後，讀書會算是一貫的傳統，我們讀社會學、人類學、臺灣歷史，讀性別、移工、勞工議題。

社團裡的學長姐動輒都是年紀大我四、五歲的人，常常聽他們講起過去。二〇一二年反媒體壟斷運動時，他們有一部分人和另一群學生自己創辦校園《新謬思公民意識報》，一直到二〇一四年，喧鬧的臺北街頭轟轟烈烈的反服貿運動時，他們一部分人北上參與，一部分人繼續在校園廣場內辦露天短講、露天電影，一架投影機、一個音響，很多蚊子，架起一小片星空。

當時，社團像祕密基地，安放我無處宣洩的困惑，也因此接觸到一點點社會學，開始關注許多社會議題和社會運動，彷彿冥冥之中，在生命的軸線上，再度和阿公接頭。

然而，社團像我大學的地下情人般，媽媽依稀猜測得到，卻不知道更多細節。我們常聽說，有些政治受難者後來的創傷是心中一直住著一個小警總，即便在解嚴後許久，仍然自我監控著。大概是阿公內心的左派理想太堅定，驅趕了警總吧，我們家的小警總，不是住在阿公心裡，而是住在媽媽心裡。因此後來，我和媽媽的關係維持在時而緊張，時而好一點的拉鋸戰中。二〇一八年年底，她傳了一則長長的line訊息給我：

「媽媽不喜歡我的子女們，有參與政治有關事情（包含寫作、聽相關演說），這是阿公的遭遇在我內心的陰影，在阿公發生事情時，他的父母為了見入獄的兒子一面勞動奔波及傷心，出獄後原本公務人員工作也沒了，飽受外界異樣眼光，再找新工作更是困難，且長期受監視，這種情形不是只有臺灣如此，我不喜歡你們重踏覆轍，讓我也承受一樣痛苦。」

我不喜歡你們重踏覆轍，讓我也承受一樣痛苦。

玻璃，小心易碎

但我們家本來不是這樣。

媽媽也本來不是這樣。

自大學時離家到異地求學開始，曾經可以同床共枕的我與母親，彼此價值觀的差異愈來愈大，像一道巨大的裂痕，分隔彼此。

社團學長學姐們像被我藏得好好的地下情人，一直沒被媽媽發現詩社不是單純的詩社，而是更像「異議性社團」。在大一下學期，因為一個機緣，認識在學校裡推動董事會改革的學長姐。當時正逢學校董事會改選之際，把持董事會多年的某家族成員們，被揭露在董事長遴選過程上不透明，且被質疑長期壟斷學校的各項利益。我因緣際會參與其中，發傳單、辦露天短講、來回遊說各個校友會或黨團人物，東奔西跑，甚至在某一次得知董事會將要祕密開會前會的當天，我們衝進會議室裡，霸占會議室不走，儼然校園內的小型三一八運動。

當時，某個也很支持我們的老校友，在編寫校友期刊時將這些事情都寫進期刊小冊裡，本來的用意也許是要讚揚年輕學生的行動，沒想到這本期刊小冊寄到家裡被媽媽打開來看到。

那突如其來的電話，連震動都來得又急又凶。媽媽劈頭就問怎麼回事，接著用力斥責我被洗腦了都不知道，以為自己現在長大了很厲害了嗎？如果以後被點名做記號，在醫院還待得下去嗎？

又是點名做記號。那像是她的夢魘，再一次刺痛她的敏感神經。學生、運動、壟斷、不正義等等詞彙，都一再挑起她的恐懼。

後來，對於這場運動怎麼結束，我其實印象也十分模糊。論述上的分歧、動能上的消弭、運動策略上的難以為繼，就像大一升大二那年夏天，戛然而止的蟬聲，死去般消逝。

她不理解我為什麼跑到街頭去聲援別人家的事情，為什麼要在記者會上拋頭露面，而不怕往後職涯被點名做記號。那一通電話後，媽媽斷絕了我的生活資助將近半年。外宿的房租、每月的生活費，我像快被溺死般瘋狂找一個又一個的家教來兼職。系上大部分的同學其實不用打工或兼家教，生活便可以過得相當舒適優渥，夜夜，同學們歌舞歡騰，我在一個又一個的家教中奮命泅泳——曾經在下課後趕四點半到六點半的家教，結束後，又得趕七點到九點的另一個家教。那一個又一個跳過晚餐、騎著機車從南高飆到北高的夜晚。我記得為了省錢，早餐只泡一杯麥片粥便出門後的昏厥與暈眩，晚餐在家教間來回奔波時胃液的翻攪，也記得在家教學生狹小的房間裡，幾度講課講到快呼吸不過來時，我沒有空去想那場運動後來怎麼了，沒有空去想和媽媽的鴻溝是怎麼形成的。

後來，媽媽默默恢復了每個月對我的生活資助，卻仍時不時在某些齟齬過後，她覺得我又不乖了、又翅膀長硬不聽她的話了，我便會在那一兩個月得不到生活費。後來那幾次被斷金援，沒有像第一次持續那麼久，但那像深埋在血液中的恐懼，長成我對金錢的不安全感與恐懼，像戒不掉的癮頭，即便在手頭沒那麼緊的時候，我還是常為了兼家教而過度操勞自己，一直到畢業後出社會、有了穩定的工作後，才戒掉這癮頭般的不安全感。

好多年後的此時此刻，我還是不確定自己那一陣子究竟是什麼感受，也許有好多委屈、好多困惑，但彷彿來不及和媽媽一一核對為什麼不能參與運動、我做錯了什麼？甚至來不及釐清這場運動的殞落，我便被金錢的壓力淹沒。

後來回想起那場運動，有許多自己也無法認同、甚至質疑的內部與外部分歧，也因此，有好長好長一段時間，我彷彿失語般，找不到語言跟別人提起這稍縱即逝的運動。幸好那像刻意失憶——因為只要不說，只要忘掉那場運動的這一切，也就可以「順便」忘掉媽媽那通電話的憤怒。

「你不覺得你的想法很奇怪嗎？」有些事情已經記不得太多當時的細節，但一直記得的，卻是後來一次又一次，媽媽這樣皺著眉問，那問句總是一遍又一遍拉起我們之間的緊張。曾有過幾度長長沉默的晚餐，我們就像兩片玻璃，曾經靠得如此貼近，如今卻只能每每在接近時，小心翼翼地不刺傷彼此。總覺得自己好像隔著玻璃，看這世界緩緩移動過去，與外界剝離般，彷彿我被丟入這玻璃缸裡，像條半溺命的金魚，然後注定要游走在邊緣反叛。

輪迴

二〇二三年二月底，一場在嘉義美術館的講座分享結束後，認識了那年綠島人權藝術季參展人之一的Y。我跟她說，好多事情我都是走到書寫的尾聲才漸漸理解，也是愈到尾聲，有時我愈無法克制自己把好多命運的巧合非理性地串連在一起，總覺得像輪迴一樣，轉啊轉啊，在這家族裡流轉。

我不知道身陷時不時會被斷生活資助的自己，究竟該對媽媽懷有什麼樣的感受，但到書寫的尾聲，我才漸漸理解，身為二代的媽媽，夾在一代跟三代的中間，她無法克制自己把發生在阿公身上的事，投射在她漸漸不理解的女兒身上。她不懂我為何活得好好的，還要去關心那些房子被拆掉的人；她不懂我為什麼要不斷對外人提及白色恐怖的事，不懂我為何要一而再、再而三地去找阿公問東問西；她不知道性別研究所是在做什麼，不懂我一個女生為何要把頭髮剪得短短的。

解掉一個又一個定存，送這個最晚離家的孩子到南方另一個她不太熟悉的城市，成為家族裡第一個將踏入白色巨塔的人，讀著她聽也沒聽過的理論，陌生的原文書裡是她看也沒看過的語言及詞彙。一如當年，向地主借貸一袋又一袋的米穀，咬著牙，年復一年，阿公的爸爸將家中唯一會讀書的孩子送往遠方的市街，用另一種「國語」，看著不一樣的世界。

又或者是，後來發現自己的女兒參與學生運動，開始偷偷讀起跟本科不相關的書籍，開始熱中於各式各樣衝擊她舊有價值觀的社會議題，週末放假、甚至連假時，也漸漸不太回家了。就像當年，阿公開始讀社會主義的書籍，開始偷偷參加以前聽也沒聽過的時事座談會，開始愈來愈晚歸，搭著末班糖廠五分車，摸著夜色回到家。

因為我是家中最晚離家到異地求學的孩子，這離開對媽媽來說是痛苦的切割，彷彿第二次分娩，臍帶、羊水不斷吸吞想讓我回到暖溼的子宮，彷彿一人抗拒這分離，另一人卻推擠著往相反方向，頭也不回往前。

離家上大學之後，一次次因談論太激進的議題被喝止、一次次被媽媽發現我又跑去參加什麼遊行、一次次地覺得隔閡愈來愈深，因此愈來愈不常回家。媽媽才變得總是困惑，困惑我為什麼不好好地專注於本科系的東西就好，那將來勢必會擁有穩定高薪的科系，那不少人稱羨的白色巨塔。她也總是困惑，困惑我為什麼那麼關心「其他人的事情」，那麼關心社會上其他人的苦難、其他地方的不公不義。甚至到後來，當她內心的小警總愈來愈猖狂、把我們的距離拉得愈來愈遠時，她更開始困惑著那些我有意無意、不再讓她知道的事。

也是從媽媽看到那本小冊子之後，才發現她將自己的許多恐懼投射在我身上，害怕我變成跟阿公一樣，害怕我們有一天也被點名做記號，在時代變動之下被清算。

其實從時不時被斷絕生活資助後，我活在缺錢的恐懼裡，瘋狂兼家教，已經幾乎沒有餘裕去參與更多的碰撞與抗爭，頂多偶爾分享文章、連署支持，或去聽聽議題講座，參加過幾次同志大遊行、空汙遊行、反勞基法修惡的遊行，甚至幾次南部的強拆事件，我也只靜靜站在一旁拍照。

但那混雜著政治敏感的困惑與恐懼，逐漸積累成無法承受的猜忌與勒索。記得最莫名的一次，是媽媽傳來一則長長的line訊息，前面的內容我已經忘得差不多了，只記得訊息最後卻冷不防地拋出這幾句，「我看你偶爾回家時，每次都花大部分時間待在書桌的筆電前，不知道在是不是又再參與些什麼……」她指的「又再參與些什麼」，是因為她總是覺得我容易被他人的事情影響、被他人的情緒煽動，而去抗爭、去爭取一些她認為「不關我們的事」的事情，她總是懷疑我可能又在籌劃、組織什麼運動。

這聽起來很荒謬，雖然自己很關心社會議題，但當我覺得自己什麼都沒做、做得太少時，卻仍被懷疑背著她在做些什麼「大事」、在參與些什麼社會運動，我不禁為此邊生氣邊想哭。一方面是因被誤解而受傷，因為我知道，她內心的小警總，彷彿已經牢牢刻在她身體裡，她的疑心，也是這幾年每隔一段時間的例行公事，是我怎麼解釋也抹去不了的懷疑跟誤解。另一方面，也因疼惜而不捨，因為我知道，就像她說的那句話，「我不喜歡你們重踏覆轍，讓我也承受一樣痛苦。」

她的恐懼很莫名，卻很真實——真真實實在像她這樣的二代身上上演著。

沒有線性終點的回家

和媽媽的關係，自大學離家後，一直維持在時而緊張、時而彼此裝沒事的狀態。

和Y說，有時愈到書寫的後期，我愈無法克制自己把關於媽媽的某些事情、一些理性上知道跟白色恐怖可能沒那麼直接相關的事情，理性地將它抽絲剝繭後擱下不談。

二〇一九年之於自己，算是多舛的一年。上半年密集的訪談後，接續大四下學期結束，我去辦了休學。在偷偷跑去聽了人文社會科學的課兩年後，對於自己本科所學的領域、對於白色巨塔的體制，積累好多無以名狀的質疑及迷惘。那一陣子，每天睜眼，匆匆趕去上已經沒什麼大學生會上的早八，迷迷糊糊地在班上半數以上的人都沒來的教室裡坐四個小時，中間不小心睡著了幾次也數不清，中午一小時的休息時間，匆匆吃完午餐，便又得趕去下一堂課，下午繼續醒醒睡睡。晚上趕去一個又一個的打工、家教，回到家時驚覺一天就這麼渾渾噩噩度過，心有愧疚便趕緊又再拿起自己喜歡的東西讀，多半也是人文社會學科的讀本，如此津津有味地讀到深夜。隔天白天，又是跟昨天一模一樣的白天，醒醒睡睡、渾渾噩噩，日復一日。

那時，我被這種「醒來又是一模一樣的一天」的無力感嚇到，我決定先讓這一切暫停下來。給自己一個好好停下來休息的 gap year，好好思考自己身在什麼位置、想做些什麼。

其實就是那麼簡單的原因，但「休息」、「停下來」這件事情在如今這個全速前進的社會彷彿是什麼萬惡不赦的字眼——尤其對年輕人來說，休息彷彿坐實「草莓族」或「躺平族」的稱號。

不意外的，「休息」這個字眼也挑起媽媽內心的不安。當初其實也不是媽媽推我進入這巨塔，她也知道這工作未來不輕鬆、壓力很大、對身體不好，甚至從來沒有想過我會進入白色巨塔工作——原本只希望我好好讀個一般的大學，畢業之後像她一樣考個穩定的公務人員工作。然而求學期間好幾度，我被體制壓得喘不過氣，我開始質疑巨塔的種種，我發現了自己更想做的事情時，她卻反過來希望我繼續留在體制裡，「一但選擇了，就要好好認命」——因為任何改變、更動、未知，她都懼怕。

她問了好多好多問題，「以後醫院的學長姐或老師聽說這件事，會怎麼想？會不會覺得你很奇怪？會不會覺得你不認真？會不會用異樣的眼光看你？」

她不能理解，為什麼我不能像其他同學一樣，好好的、年復一年，大四讀完之後接大五，然後進醫院開始臨床見習？她不能理解，為什麼我不能跟其他人一模一樣？為什麼我不能隱身在眾多九十幾個同學之中，安安分分、平平凡凡，不用特別出色、但絕對不能特別多問題——甚至你會有種感覺，媽媽她最希望的，就是我們可以跟別人都「一樣」，我們不會被特別記得。

我們不會被特別做記號。

就像國小時，媽媽總會對我跟雙胞胎姊姊耳提面命說道，要我們在學校時「不要太招搖」，因為「身為雙胞胎很顯眼，只要一不小心做錯什麼事，就很容易被放大檢視……」。又或者是國小時，媽媽總是不想讓班導師知道我們是單親家庭，因為跟大多數人不一樣，怕被貼上標籤，怕被認為「就是因為是單親家庭，小孩子才如何如何……」，因此特別要求我們要表現得懂事、體貼又獨立，要像個乖孩子，彷彿一夜長大，你沒有權利吵著說要新衣服、哭著說想吃麥當勞，什麼東西你想都別想、什麼事情媽媽絕對不會答應，我們心知肚明就絕對不敢央求。離婚這件事情，彷彿媽媽的櫃子，媽媽不想讓別人替我們貼上標籤，不想讓別人覺得我們不一樣。

任何不被這個社會大多數人理所當然接受的事物，任何跟大多數人不一樣的事情，她都懼怕——包含白色恐怖、包含政治選舉、包含所有社會議題、包含不穩定的工作，甚至包含單親媽媽的身分。

我總是在想，她似乎馱著比我更多的櫃子在前行。

逃離

和另一個朋友J說，我看似一直在書寫關於阿公的事情，但到了近書寫的尾聲，才發現我不只在寫阿公，其實也在寫母親。

媽媽在受難者二代的位置，像螺紋被磨蝕殆盡的螺絲，無法往前，也無法後退。她就像個中介質，你無法閃躲，也無法繞道而行。

一定有些時候，我在寫阿公時，無法克制地會不斷想起媽媽，想起媽媽就是因為阿公現在說的這件事情，後來才會特別要求我們。我在寫阿公時，其實也在嘗試理解媽媽。

就像她不斷希望我有個「穩定」的工作、「穩定」的人生，她常說的，當初阿公就是因為白色恐怖，所以出獄後回不去原本穩定的公務人員工作，後來才會如此窮途潦倒。說完這段話，每每在停頓一會兒後，又接著說，也幸好她當初有這份公務人員的工作，才得以一個人帶著我們四個小孩逃離那個父系老家，要是在私人公司上班，一個人要養大四個小孩，三天兩頭請假早就被炒魷魚了。

語畢，再度停頓了一下，轉向我說，你這工作也沒有什麼不好，累一點而已，哪個工作沒有壓力，吃苦當吃補，不要再想變來變去，寫東西賺不了錢，社會倡議只是讓自己討打。

那些從小聽到大的嘮叨，也許變形過，但彷彿一路指向阿公——或換句話說，那些阿公曾經的遭遇，即便時代環境不同了，卻仍一路蔓延，用不同的話語，緊緊箍住媽媽，再勒住我。

初稿差不多完成時，剛好是中秋假期，也恰巧接近媽媽的生日。我把初稿印出來給她看，她分成幾次才看完。前幾次她零星給了些瑣碎的回應，不過都在補充事件的枝微末節，到後來，當媽媽又唸起我中途休學還沒畢業、還沒有開始工作，我再度問起她對初稿有什麼建議，她只說了句，「我不想再給什麼建議了。」

轉身還沒走出房間，下一刻，「登登登登……登登登登……」姊姊用她剛工作時拿到的中秋禮金，抱著一盒昂貴禮品送給媽媽，搭配著浮誇的頒獎配樂。

我沒有回頭。

我沒有回頭的權利。

這個故事並沒有一個完美的happy ending，沒有最後皆大歡喜的大和解劇情——或者應該說，書寫是種回家途徑，卻是一條沒有線性終點的路徑。

回家，一直以來都是個過程。物理距離上、實質意義上的回家是有終點的，踏進家門的那一刻，你回家的旅程就結束了，但心理層面上、抽象意義上的回家呢？回家沒有一個終點，它反倒像一趟折返跑，有時好像離家遠一點，有時好像又近了一點點。

一如現在，即便我花了十年寫阿公，花了十年想透過書寫阿公去理解媽媽，似乎仍舊沒有辦法成為她希望我變成的模樣——沒有辦法像在醫院工作的姊姊一樣，按部就班走在其他人的人生軌道上，沒有辦法不再提白色恐怖，沒有辦法假裝我不關心這社會上其他正在發生的議題。

我們不斷在小心翼翼靠近的過程裡，像兩只玻璃瓶，輕易破碎。不停在碰撞與碎裂之中，我抵擋不了卻也躲不開。

研究所的老師L曾幫我寫過一封文情並茂的信，寄到媽媽的電子信箱，只為了向她澄清她懷疑我「整天抱著電腦不知道又在組織些什麼社會運動」的莫名疑心病。還記得一次，L猶豫了一下，對我說，她有時候會覺得好像是她把我推入深淵。

被推著踏入的深淵也好，自己踉蹌跌入的也好，無論如何，深淵都在那裡，矗在往前的路途上。

不忍著冷風越過，便無法前行，閃不了，躲不開。

還記得，我寫到阿公說蔡志愿逃亡的那陣子，特地向檔案局申請蔡志愿的檔案來看。習慣紙本閱讀的我，把一個個電子檔印成A4大小、釘在一起，厚重的檔案裡頭，最後有份呈給上頭的報告書，蔡志愿鉅細靡遺地寫下他逃亡期間躲藏的經過。輾轉在雲林農村一帶的甘蔗園裡躲藏，他曾經只能晝伏夜出，靠人接濟。逃亡，意味著切斷所有與過去的連結，隱姓埋名，居無定所。

阿公當時沒有接到上頭指示要逃，但阿公的幾位朋友們逃亡了，那個世代的他們，逃離的對象是國家威權，那媽媽呢？

父母離婚，爸爸跑路，媽媽帶我們倉皇逃離父系家族的老家。彷彿黑色幽默般，某種程度也算種逃亡吧。

「幫我看著後面有沒有什麼車跟著我們……」

「我們要躲到一個沒有人知道的地方。」

「不可以讓新同學知道我們家電話、我們家地址。」

我們住到外婆娘家的老祖厝。那個幾乎只剩老人跟小孩的沒落小村落，晚上七點後街上便沒什麼人，只剩家家戶戶半掩的紗門裡頭，那音量轉到最大的《意難忘》配樂，過晚上八點，便只剩漫漫寂夜跟路邊土狗。大大的院埕，夏天有結實累累的芒果跟龍眼，卻有抓不完的跳蚤，彷彿埋藏在屋裡最深處的痂，怎麼掃、怎麼清，也無法剝除，蔓延成一整季的過敏。

紅磚屋瓦的一條龍格局，正廳是神明廳兼作客廳、飯廳及我們的書房，吃完晚餐後的飯桌便是書桌，我和二姊寫完作業，同個位置再換哥哥、大姊繼續寫。外曾祖父才剛過世不到百日，左邊大房是他生前的房間，裡頭的衣櫃、擺設都還不能移動，右邊二房才是我們五人的通鋪臥室。一條龍後面另有增建的三間房間跟廚房、浴廁，但那三間房間因年久失修，屋頂、牆壁早已破了幾個大洞，雨季時，滿滿的臉盆、水桶容器擺滿水泥地上，淹成一整個暑假的記憶。那三個房間，彷彿耽溺了幾十年的灰塵，黑洞一般吸納進所有光源，是我們小孩平時怎麼也不會想接近的地方。

好像是從那時開始，媽媽的心裡也長出好多新的櫃子、新的恐懼。

我曾經在一篇投稿裡寫到，「對外公而言，自由的日子同時也意味著不斷流離與移動，當然回不去原本穩定的鄉公所的工作了，於是只能在一份份的臨時工作、一間間的工廠之間輪轉，從北到南，曾經是當時鄉下的名校嘉農出身的外公只能到處打著零工，輾轉從基隆暖暖、瑞芳一帶的煤炭公司、土城的瀝青工廠、枝仔冰攤販、民雄的頭橋工業區到屏東的皮蛋行，流離，像自此之後注定要嵌進他的身體。」

兩個世代，兩場逃離，那麼到了我這第三代，我在逃嗎？我在逃什麼？從巨塔逃離？從深淵逃離？從母親身邊逃離？抑或是從這家族中逃離？

流離，像自此之後注定要嵌進這家族的身體。

斷裂

二〇一九年，辦休學的那一陣子，我去剃了個大光頭，作為自己休學的儀式。剪刀比想像中的重與銳利，長長一刀劃下，我感覺到剪刀的刀片貼著自己肌膚遊走的些許冰冷、些許刺扎感，閉上眼睛，零和零點一永遠都不會一樣。零是種回歸，行了一圈回歸最原初的地方。

當然這件事情又再次令媽媽憤怒，她不能理解什麼叫最原初的地方？什麼叫重生？她不能理解為什麼我不能像其他女生一樣，留個大長髮，也許偶爾染個奇異的泡泡染也沒關係——總之至少跟大部分人一樣。

那次回家，也是休學後、出國離家前最後一次回家。媽媽的憤怒凝結成一頓沉重的晚餐，以及無聲的餐桌。那晚，我們沒有交談，各自在各自的就寢時間，躺在同一張床上，然而夜半時分，她卻突然摸了一下我的大光頭，然後握握我的手，像撫慰初生的嬰孩般，像想透過這樣的觸摸，對我說些什麼。

那瞬間，我彷彿仍是那個她初生的孩子。

二〇一九年年底，還在休學期間，從國外繞了一圈回來後，我做了另一個震驚朋友們的決定——我決定趁休學的空檔回家兩個月，這大概也是我離開家後第一次回家那麼長的時間。

這決定也的確嚇傻了大家，其實當初休學，「回家」本來就在選項當中，即便回家這件事對許多人來講也許是件稀鬆平常的事，甚至對許多人來講，休學後「回家」是件「浪費」的事，是件會被覺得難以置信、甚至鄙視的米蟲決定，會覺得休學就該嘗試點具有挑戰性一點的事啊。

但是天曉得回家這件事對我來講多麼具有挑戰性。不管其他人怎麼講，當時我很清楚知道，那兩個月回家，不是漫無目的地為找個地方窩著而回家，而是仍舊試圖釐清斷裂，甚至試圖想重新連結什麼。

回家的那段時間，時間流得太慢，彷彿凝結，沒有在高雄就學的日子那樣慌張忙碌，也因為一切停擺，與母親之間暫時沒什麼差異與衝突被彰顯。像極了離家以前的國高中生活，每日和諧地吃早餐、一起出門，傍晚一起回家、吃晚餐，夜裡共睡一張床，然後她很自然地摸摸我的頭、握握我的手，像逗弄初生的嬰孩般，又像在彌補些什麼，我們之間，在這靜止的時空，彼此小心翼翼，彷彿想挽回這四年多的撕裂與冰冷。

但這和諧有時不禁又讓自己懷疑，像是個危險平衡，我嚷嚷的什麼自由再多一點、她高漲的什麼控制欲再多一些，彼此又會瞬間破碎。

回家的那兩個月，關於阿公的訪談其實已經到一個段落，也是在那時，我開始漸漸意識到媽媽是我無法繞過的議題。兩個月的回家生活結束後，我依舊不確定是否重新再創造、連結了什麼，但好像又多了一些些理解，好像又看見多一些些母親曾經有過的樣貌。看見母親童年時的勞動，少女時期在異地當女工，以及後來離婚一人養大我們四個小孩時經濟的困窘。甚至看見母親的母親，母親的父親，像是一趟母系家族的尋根之旅，我想追尋的是，母親如何成為這樣一個母親。

也是在那一陣子才得知，在阿公開始衰老、不太能出遠門找朋友，開始對很多事情提不起勁時，媽媽為了提振阿公的心情，會定期幫他撥電話給「老同學」們，再把聽筒給阿公，讓阿公跟他們講講話、聊聊天。她曾問過我好幾次，為什麼要不斷讓阿公想起傷心的過往？我知道媽媽會幫阿公打電話這件事情後，才意識到，也許創傷並不是只有一種處理方式。其實她對阿公並不是絕口不提白色恐怖，也並不是試圖否認那段過去——那一次又一次撥通、遞過去的聽筒，正是她幫他處理創傷的一種方式。

那不是漫無目的地回家。之於上一個世代的差異，我想做的，從來就不是如此單一面向的反抗，而是再更進一步，去理解，去創造，去連結。

還記得，當時正值二〇二〇年總統大選及公投期間。我在日記寫下，什麼世代溝通，不是選前一兩天來個溫情喊話就有用。當時回家一個多月，累積了足夠的「信任指數」後，才敢稍稍開口、欲擒故縱地和媽媽聊起這個話題，不帶著讚揚或批評，只是在那過程中帶她抽絲剝繭，釐清事情。

我想做的，從來不只是簡單歸因，而是我真的想問，「斷裂」究竟何以形成？真的可以如此籠統、同質化、一網打盡所有的「世代差異」嗎？我想看清這些斷裂與差異究竟是什麼。不，遠遠不只這些，也更遠遠不只我們對於那次投票的差異，遠遠不只——斷裂總是裂進壁瓦最深處，你無從層層剝離，也無從用單一事件、時期、因素去解釋。

也許這正是我想寫下前面那些關於我與母親的愛恨糾葛，理性上看起來好像跟阿公的白色恐怖沒有相關的事情。

也許斷裂之所以難解，正是因為它不單單只是世代差異，不單只是受難經驗，不只是經濟因素，它位移過、它變形過，它隨著時間增減過。

有時你根本認不出它的原形與樣貌，它就這麼裂至記憶的最深處，它無所不在。

家族史上的回家

最後一段訪談完成後，其實拖到隔年的年初才真正開始執筆書寫。

我常常說，關於阿公的書寫像在漫漫草叢中摸索出一條回家的途徑。

恰好那一陣子，一位在做相關主題碩士論文的朋友M希望可以訪談我，也是在她訪談我的二〇二〇年間，慢慢陪著這些文字長成現在的模樣時，我才漸漸可以體會到我正在經歷些什麼。

我當時才體認到，關於阿公的書寫，某種程度是種彌補。

記得阿公說到他在綠島期間，中午太熱，休息時他們會偷偷跑到海邊去游泳。他說海水很鹹，但比較好游、比較容易浮起來，他還說小時候幫忙家裡農事，每天放學都要趕快去幫家裡放牛，他都開玩笑說他是放牛班的孩子。但當他鉅細靡遺地跟我說，以前家裡有兩隻水牛，一公一母，他會帶牠們去吃草，他會坐在牛背上看書，以及他要踩著水牛的大腿骨後側有一塊凸出來的骨頭，才可以順利跳上牛背。

彷彿分享某種祖孫間的祕密般，對其他人來說可能是不重要的細節，但如果我沒有做這些訪談、沒有寫下這些故事，我就永遠不知道這些有趣的小細節了。那些世代之間的空白，就空在那邊，沒有記憶可以去彌補了。

上大學離家之後，我其實並不是一個愛回家的孩子，甚至可以說，是個幾乎不回家的孩子。嘉義到高雄，高鐵半小時、火車一個多小時的距離來說，我沒有其他北漂同學的理由——動輒千元的高鐵車票，抑或是近四小時的火車、客運車程，但中間隔閡，是和媽媽無以名狀的矛盾。

一次和媽媽的言談之間，聊到她同事們的小孩，各自離家後多久回家一次，才忽然發現，就像小時候愛比較成績的婆婆媽媽一樣，回不回家，漸漸成為一個比較的基準。

我才剛離家到異地讀大學，同樣的，媽媽也才剛要試著適應沒有我們當作重心的生活，爭吵難免，但每一次，總是糾結在同一個看似瑣碎的點。

這禮拜回不回家，那下次連假呢，為什麼不回家，在忙什麼，怎麼不跟媽媽講，那個有比較重要嗎，幹嘛做那個，無聊。

你不會懂啦，隨便，下次再回去啊，哪有很久。

那個誰誰誰的小孩讀那麼遠都每個禮拜回家欸，算了啦，當我把你們養大到成人就盡我的責任義務了啦，最好自己當作沒生你們這些小孩啦。

於是，回不回家，都成了種隱喻。

其實這年頭比小孩的成績已經不流行了，辦公室的同事們最愛比較的就是哪一家的小孩比較孝順，一下那個侯阿姨炫耀自己的兒子每個月都匯多少錢給她，一下林阿姨不甘示弱地說談錢就俗氣、她女兒每個禮拜都回家探望她才是貼心，而這些時候，媽媽多半只能在一旁默默裝忙做自己的事。「阿你們家那幾個高材生呢？」以冷嘲熱諷為樂的侯阿姨總喜歡挑這時候問媽媽。「他們很忙啦，很久沒回家了。」媽媽是個不善於與人唇槍舌戰的人，常常也只能淡淡地這麼說，畢竟是事實。

鮮少回家的結果，是長輩何時生病、住院、開刀，我往往是全家最後一個知道的人。阿公車禍肋骨斷掉住院之時，我不在家；半年過後，阿公攝護腺開刀完在家休養的期間，我在遙遠的南亞國度裡；某一年中秋節附近，阿嬤骨折、阿公同時輕微中風的時期，我在東海岸徒步。

我覺得那更像某種補償，試圖在這家族中做點事情，補償我在這家族中的缺席。想彌補這鮮少回家的缺口，我嘗試著用自己的方式去貼近這個家族。不只是實質上、物理距離上的頻繁「回家」，更像在歷史洪流裡，終於可以抓住一根得以貼近的浮木，找到了家的歷史。

理念上的回家：「出櫃」之後

另一個回家，是理念上的回家。

知道阿公一直都十分堅定地信仰社會主義，是打從高中我第一次訪談他時，他便不斷強調的。

「我一生信仰社會主義。」

但究竟社會主義、馬克思主義、左派是什麼？

還記得大三時，當時《咬一口馬克思的水煎包：我這樣轉大人》這本書剛出版，作者寫自己身為藍領階級家庭的小孩，是如何在成長與求學生涯一路摸索與跌撞的過程。因為那本書成為熱門話題，新聞媒體在網路上刊出相關報導，若有讀完整本書或那篇三千多字的報導，也許不至於過度簡化作者的經歷，但媒體可能為了吸引點閱率，下了十分聳動的標題〈「臺大真不是窮人可以來讀的學校！」國中當女工、拚命進臺大　她驚見人生殘酷規則〉。那篇報導刊出後，我看到有一位以前高中的學長分享，但帶著批評的意味，認為臺灣有許多社會補助，作者家庭的貧困需究責於她父親自己的酗酒、賭博等個人行為，而非結構的問題。

那位學長出身於醫生世家、家裡開名車的家庭，他曾跟身邊的朋友說，他認為他們家一家四口的月用三十萬元是一件正常且常見的事，甚至到北部一流名校讀大學時，常po開跑車、到高檔景觀餐廳看夜景的炫富文。那篇分享文底下的留言也幾乎都是這樣的批評，像「他爸爸雖然是工人，但景氣好時曾經月入十萬，只是沉迷於賭博、喝酒、應酬花光了，所以是他爸爸自己沉迷於生活中的小確幸，是他爸的問題，怨不得人」。甚至有人說：「她念文組，沒路用，解決貧窮不是靠念文組的研究所，她活該。」

那幾乎是七年多前的事情。即便後來出社會、看到更多的炫富與虛無的華麗，已經不至於如此憤怒。我以為那是已經淡忘的記憶，但其實情緒依舊鮮明，此時再回想起那些留言，才記起當時我的激動與顫抖。

當時，我在自己的社群平臺也分享了那篇文章，底下留言依舊有人回應，覺得這些都不是社會階級位置的不平等，而是個人不夠努力的結果。可能因為情緒太洶湧，當時我沒有回應那些留言，但一些好友幫忙回應，卻也引來好幾則留言筆戰。

除了底下的數則筆戰留言，有另一位學長私下傳了語中帶刺的訊息給我，問到：「有沒有人說過你很左？」

有沒有人說過你很左？

但，什麼叫「很左」？

不論是滑坡式地直接將左派扣連到共產黨，再直接滑坡到現在的中國共產黨，於是理所當然將左派視為萬惡不赦的敵人；還是單薄地將左派與社會運動相扣連；抑或是單純覺得只要是想法比一般人激進的都叫左派，這些都讓我覺得困惑。除了不解他指的左派究竟是什麼之外，最戳中我要害的，其實應該是即便是左派好了，然後呢？

身為左派，怎麼了嗎？

上大學後，好不容易從每天捧著課本與考試的籠裡出走，沒想到卻是走進另一個牢籠。其實我和大學系上同學是疏離的。這當然不是他們的問題，大部分同學們都相當友善。但在我讀的科系或校園裡，大部分同學其實並不曾有過諸如爸爸跑路、家裡負債或甚至單親家庭這些成長經驗；大部分人接家教是為了存零用錢，而非為了生活費與房租；大部分人關心哪一家動輒千元的燒肉比較好吃，而非去學餐夾只要三十五元的三菜一飯自助餐；甚至，在這三類組掛帥的校園裡，大部分同學畢業後會邁向一條穩定高薪的路途，在理科至上的社會裡得以順遂，而非如同那些流言所譏笑的「文組」般「沒路用」、解決不了貧窮是活該。

同學們談論宵夜、夜唱與夜遊，卻鮮少談論夜的盡頭，其他夜歸之人何以需要撐著疲倦在夜裡掙錢，同學們談論燒肉、火鍋與酒吧，卻鮮少談論大量垃圾背後，誰在天未亮的清晨將這一切回復成前一天的潔淨。巨塔裡談論更多的是如何在畢業後賺到更多的錢，如何更省力、更輕巧地完成這人生勝利組的完美滑行，卻鮮少談論家屋被拆掉的人們如何在這世界前行。夜行在醫院小巷，同學們拉了拉我的衣角，示意我離蹲踞於紙板上的無家者遠一點。塔裡、塔外，上課與下課間，我夢遊般地晃蕩著，這個牢籠沒有邊界，蔓延至這亟欲篩選掉失敗之人的整個社會。

也因此，那疏離彷彿也如此渾然天成。像是在不同的世界，我不知道該和系上同學們聊些什麼，但一回頭，卻可以和研究所課上的文組同學們熱絡談天，去外校旁聽社會系的課時和同學們一起吃沒有冷氣的路邊攤宵夜，和那個「掛羊頭賣狗肉」、本質上是異議性社團卻披著詩社皮的社團學長姐們喝啤酒，聊這巨塔外發生的事。

是不是在那個時候，是那些疏離感、那些如此巨大的差異，才讓我漸漸長出阿公的眼睛？

後來大三時真的跑去附近另一所大學的社會學研究所，旁聽了一學期關於馬克思主義的課，對於這些理論開始有朦朦朧朧的理解，試著想像阿公當時所處的時代背景、物質條件時，也開始對阿公所講的佃農處境、階級意識有了些共鳴——像阿公這樣，鄉下佃農出生，好不容易考上嘉義的職業學校，期望可以讓家裡有個翻身的機會。這樣的年輕學生，他們的階級意識不是憑空出現的，不是被強加灌輸的；他們的階級意識，是長在土裡的，是長在像太保後潭這些把他們自小養大的農村的土壤裡。

認識到這點之後，對於當年十七、八歲的阿公為什麼會做出之後的這些決定，就變得比較好理解了，不會再拘泥於所謂的地下黨跟現在的中共到底是什麼關係這種庸人自擾的問題，也漸漸體認到，摘掉那些左不左派的標籤，其實我跟阿公的關懷並沒有相差太多——那是種從土地長出來的階級意識。

還記得阿公第一次跟我承認說他其實有入黨時，說了好多細節，要如何舉手宣誓，要如何在宣誓誓言講完之後把自傳用打火機燒掉，當時我的內心其實相當激動，有種「這麼久了，終於被阿公認可信任了」。他終於願意跟我講這個更接近他當時理念的決定了。

我知道就政治認同或選舉政黨傾向來說，我跟阿公非常不一樣。我可以理解他的選擇，卻不一定會認同他的選擇。然而，在追尋與書寫的過程中，我看見的是仍然過著非常素樸的生活的他，仍對階級有所不平、仍對弱者的一方有感。我還記得問到阿公在基隆一帶的煤礦公司工作時的光景，當時阿公是做行政職，並不是煤礦工人，跟他們可說是毫無瓜葛。然而多年後他仍少數記得的事情，卻是那些不得不汗水涔涔的礦工，那些長滿粗繭與傷痕、從礦坑中爬出來而弄得滿臉黑漆漆、幾乎只露出兩顆眼睛的勞動者礦工的臉。

若說因為生日的緣故，因此和阿公最親近，好像說起來也有些勉強，但阿公總喜歡這樣開玩笑，說我們是他六十五歲那一年的生日禮物、是最棒的禮物。於是，非理性的那一面，我總相信自己跟阿公是某種命定的組合，像六十五年後，某個次元、某個星象、某個古早的曆法，又輪迴到了我身上。

輪迴到我身上，然後漸漸長出阿公的眼睛。

衰老

這幾年來，陸陸續續有關心白色恐怖的年輕朋友們詢問過我有沒有機會拜訪阿公，即便我認為他們對於這段歷史、對於阿公的政治立場都有一定程度的理解，但逐漸衰老的阿公讓我對於這樣的拜訪有些退卻。

二〇一八年，阿公八十六歲，一如平常騎腳踏出門買午餐時，因為視力退化及反應不及，出了場車禍，緊急送醫後發現肋骨斷了幾隻，但礙於高齡並沒有動手術。然而幾天後併發肺積水，又輾轉住院幾天。

有時，衰老就像瞬間為之，事先沒有任何起手式、沒有任何跡象可追索。那場車禍後，阿公瞬間衰老許多，原本每日還可以去附近圖書館看報紙、自己料理簡單午餐或去自助餐夾菜、午後再慢慢走到附近的國小散步運動，這些日常生活的行程戛然而止。他開始無法自理午餐，或常常一人在獨居的浴廁跌倒，於是媽媽決定送他到附近醫院的日照中心。

阿公其實不喜歡去那裡，因為那裡沒有聊得來的老朋友，沒有那些往往還會偶爾打電話互相關心的老同學。他彷彿回到年輕時到各地工作時，不喜歡和同事交心太多，不想讓太多人知道他的過去。媽媽每天早上連哄帶騙才能把他帶出門，她用的理由千篇一律，就是騙阿公說日照中心是免費的，騙他說要去吃不用錢的午餐，阿公才肯出門。

去年過年時，帶阿公去附近的蒜頭糖廠走走。年紀大的長者容易失禁，開車出門前，順手多帶了件阿公的褲子跟一個塑膠袋。一到目的地，從停車場陪阿公慢慢走下車，姊姊先行去探勘最近的公共廁所位置。一路走走停停，最後在公共廁所前半勸半逼之下，阿公上完廁所，我們才開車啟程回家。

不到兩小時的外出行程，要和姊姊先在腦海裡演練過幾次，並未雨綢繆地多帶些備品——然而，這就是陪伴長者的日常。這是身體上的退化，但記憶的退化也同樣明顯。

阿公的短期記憶變得愈來愈不好，像高空中愈來愈稀薄的空氣。二〇一九年最後訪談那時，阿公記憶力還不差，到今日，我們的對話卻常常變得短暫且瑣碎，他會在三、四句話之後，腦袋才運轉過來般，突然回覆起上一個他沉默帶過的問句；會在每一段對話的結束，像大夢初醒般，回頭看著我，認真地問我究竟大學畢業了沒、現在在哪裡工作，或問今天是禮拜天嗎、怎麼有空回來——那些一再重複的問句。

像迴圈般，我和衰老，陪伴他在短期記憶裡打轉。

記得那次跟媽媽說我要開車載阿公出門，在我拿完車鑰匙後，她第一次靜靜地拿一個塑膠袋給我，淡淡地叮嚀要我記得幫阿公多帶一件褲子時，我不確定我的震驚隱藏得究竟好不好，只知道我也是花了很大的力氣，才讓自己不得不接受這件事。

衰老，失禁，阿公獨居的公寓套房裡的尿騷味，一如他說年少時在防空壕裡姊姊的屎臭味。所有不堪與難為情，在衰老與死亡面前，原來如此渺小。

然而長期記憶，那些關於年少時的記憶、關於自己的理想、關於不順遂的婚姻，卻像盤旋不止的鷹類，都是愈到年老時，阿公愈會時不時自己提起的事。我知道因為那些事情對他來講影響太深刻了，像夢魘般，夜夜驚醒，在記憶的罅隙裡匍匐沉潛。不知道該喜還是悲，正因為如此深刻，七十年後的如今，每一件事彷彿都仍歷歷在目，每一個細節他彷彿都可以倒背如流。

又像是阿公的名字在家裡、在阿嬤面前，其實也是佛地魔名字般的存在，是「那個不能提起的人」。阿嬤和阿公雖然是在阿公出獄後才結婚的，然而因為阿公出獄後回不去原本穩定的工作，只能做些臨時零工，即便兩人再怎麼辛苦，家中環境仍舊不是很好，阿嬤因此一直對阿公有所怨言。畢竟阿嬤娘家當時算小有成就的生意家庭，從事黃豆類製品加工的生意。當時在嘉義朴子這個海線小鎮有工廠之外，在北港也有一間分工廠，而彼時年僅十九歲的阿嬤，就已經獨當一面掌管北港分工廠。阿嬤其實只有讀到國小畢業，畢業後在朴子鎮上跟師傅學裁縫學了一兩年，又再回去幫忙家裡生意。但阿嬤不只是一個精打細算的人，也很有生意頭腦、很有能力——也許在現代，阿嬤應該就是那種成功、獨立的女企業家形象，然後一輩子不婚也沒關係。但在那個年代氛圍之下，即便再怎麼厲害，阿嬤也只能乖乖依媒妁之言結婚。聽說他們結婚的那天，阿嬤一直哭、一直哭。

回家是一趟沒有線性終點的旅程，關於阿公與阿嬤的恩怨，關於這些怎麼也縫補不起的裂痕，關於明明應該是補償、卻硬生生成了撕裂阿公和阿嬤最後一根稻草的補償金。我只能透過媽媽，嘗試去理解雙方各執的言詞，又或是透過和阿公的對談，邊想像阿公當年流離雜工的日子，抑或邊吃著阿嬤煮的麵線，邊擦邊球地問她少女時經歷了些什麼。我只能在滔滔洪流中載浮載沉，嘗試理解，卻彷彿無能為力般地書寫下來。

二〇二四年一月，《星空下的黑潮島嶼》劇組在臺南鹽水的岸內影視基地搭設綠島新生訓導處的拍攝場景，劇組殺青後，邀請幾位白色恐怖受難者過去看看。因為阿公身體狀況的緣故，考慮了很久，後來想想從家裡開車過去其實不過十五分鐘的車程，便答應了。

當時有另一位受難者王乃信[4]也坐著輪椅特地從臺中南下，阿公和王乃信是在領到補償金之後，參與互助會時才見面熟悉，但高齡九十二歲的阿公，從身體漸漸衰弱的八十幾歲之後，便比較少參與互助會的事務，因此兩人幾乎是快十年不見彼此。

「你就是王乃信喔？」阿公瞇著年老後不斷退化的雙眼，瞅著王乃信大聲說。

「你的『形』都變去了。」王乃信簡單回應後，阿公用臺語說著，睜著不可置信的眼睛，不斷重複著這對話，像喃喃自語，又像過於震驚。

都變去了，時間與衰老，將記憶剪得好碎好碎。兩個老人一再重複的對話、表情、語氣都好真實，彷彿一同掉進輪迴裡，不斷迴圈般反覆，究竟是長期記憶還是短期記憶，已茫茫分不清。

第二人稱的長信

因為求學階段的叛逆跌撞了幾回，如今二十八歲，才是我剛畢業出社會工作的第二年，而阿公也來到九十二歲高齡。算一算，從高中的小論文，這一路走來，竟也走了整整十年。

二〇一九年上半年，與其說是「訪談」阿公，我倒傾向稱它為「祖孫對談」。後來休學去尼泊爾的那幾個月，認識幾位來自喜馬拉雅山區的藏人青年，他們說，最懷念的日子，是兒時冬季，雪白大地，一家人圍坐在屋內的烤火堆旁，吃著醃漬來準備過冬的臘肉，喝著用這一季甫收成的麥類釀好的麥酒，聽著家族裡的老人說著久遠以來，這民族、這家族、這片山脈上所發生的故事。

後來的我再回頭望向二〇一九年上半年這段祖孫對談的日子，沒有烤火的火堆，不是冰天凍地的冬日，也沒有醇濃的麥酒、可口的臘肉，我卻彷彿聽盡了這家族、這片土地所發生的點點滴滴。

Y說，讀我的初稿時，明明字裡行間是「再修」這樣看似抽離、中立、旁觀的第三人稱，但她怎麼讀，都覺得更像第二人稱的語氣，像寫給阿公的一封封長長的信，像親近的絮語。

被她這樣一說我才發現，其實在書寫的過程中，不管是實際寫下的，還是在腦海中閃逝而過的思緒，都彷彿不斷在過去的阿公與現在的自己間來回穿梭。我寫家族裡那些冥冥之中、如此相似的命運，寫七十幾年前少年的阿公，也寫七十幾年後的我，彷彿想讓七十幾年前少年的阿公，搭上時光機，來到今日的我身旁，看看我，摸摸我。

「欸欸阿公，你看，我跟你好像喔。」

然後，一貫地和藹，那個七十幾年前少年的阿公會說，「一切都會過去」，對今日的我，也對年少的他自己說。

像用第二人稱寫一封給這家族的長信，給裂縫下的每一個人，給媽媽，給阿公，給阿嬤。書寫，是一種理解，一種連結，甚至是一種修復，向我指出一條回家的途徑。

彷彿夕陽餘暉下，踩著水牛的大腿骨後的那塊骨頭、再一躍而上，我跳上水牛的背，走回家。

1 其實是外公。感謝高醫性別所李淑君老師的提醒，即便後來在許多場合如此稱呼時，許多人都會誤會，而需要澄清，但我希望阿公就是阿公，不分所謂「內公」還是「外公」。

2 關曉榮、林稚霑導演，《冰與血》（二〇一四）。

3 白色恐怖受難者的政治立場其實並沒有一致，對於祖國的認同其實也相當紛雜，但大致上被分為認同中華民國的白色祖國，及認同中華人民共和國的紅色祖國，前者就是所謂的「白帽子」，後者就是所謂的「紅帽子」。

4 王乃信，男，一九二八年生，彰化縣鹿港鎮人。王乃信曾二度涉入政治案件。一九五〇年首次被捕因涉及「學生工作委員會李水井等案」，時年二十三歲，判刑十五年。一九六五年出獄，一九七六年第二次被捕，則是因涉及「陳明忠案」，該案起於立法委員黃順興之女黃妮娜，在日留學期間曾訪問中國，返國後遭逮捕訊問，在黃家搜索時發現陳明忠提供一張楊姓華僑名片，情治人員循線逮捕陳明忠，而王乃信因被懷疑與陳明忠有往來而入獄，判刑十年。國家人權記憶庫，〈王乃信〉，https://memory.nhrm.gov.tw/TopicExploration/Person/Detail/84。

春山之聲 065

回家是一趟沒有線性終點的旅程——白色恐怖與我的左派阿公

作　　者　范容瑛
責任編輯　莊舒晴
圖片授權　國家發展委員會檔案管理局、國立嘉義大學、蔡再修、范容瑛
封面設計　印刻部　P & C dept.
內文排版　張瑜卿

總 編 輯　莊瑞琳
行銷企畫　甘彩蓉
業　　務　尹子麟
法律顧問　鵬耀法律事務所戴智權律師

出　　版　春山出版有限公司
地　　址　116臺北市文山區羅斯福路六段297號10樓
電　　話　(02) 2931-8171
傳　　真　(02) 8663-8233

總 經 銷　時報文化出版企業股份有限公司
地　　址　桃園市龜山區萬壽路二段351號
電　　話　(02) 2306-6842

製　　版　瑞豐電腦製版印刷股份有限公司
印　　刷　搖籃本文化事業有限公司
初版一刷　2025年2月
定　　價　460元
I S B N　978-626-7478-51-6（平裝）
　　　　　978-626-7478-50-9（EPUB）
　　　　　978-626-7478-49-3（PDF）

國家圖書館出版品預行編目（CIP）資料

回家是一趟沒有線性終點的旅程：白色恐怖與我的左派阿公／范容瑛著
__初版．__臺北市：春山出版有限公司，2025.2
324面；14.8×21公分．__（春山之聲；65）
ISBN 978-626-7478-51-6（平裝）
1.CST：蔡再修　2.CST：傳記　3.CST：白色恐怖
783.3886　　113019968

春山出版　填寫本書線上回函

EMAIL　SpringHillPublishing@gmail.com
FACEBOOK　www.facebook.com/springhillpublishing/

All Voices from the Island

島嶼湧現的聲音